法学经典

法律出版社

法学的观念与方法

The Mind and Method of the Legal Academic

[荷] 扬·斯密茨 著

魏磊杰 吴雅婷 译

著作权合同登记号
图字：01-2016-8700

目录

中文版序言

本书英文原版问世于 2012 年。它所讨论的主要问题是：法学是一种什么样的学科？对于一个存在了一千多年的学术领域而言，提出这样的问题似乎有些奇怪，然而在本书成书之时，这样的提问却有充分的理由。对于法律学者而言，对其工作之目的与方法的追问具有重要的意义，因为这能够使得他们认清自己每天究竟做了些什么。法律学科与诸如经济学和心理学之类的其他学科之间的碰撞是促发此种自我审视的一个具体动因。这一碰撞显示，法律学者难以向其他学科的同仁们解释他们自身的研究究竟是关于什么的。这在许多欧洲国家引发了关于法律学术研究之目的与方法的广泛讨论。

而自本书出版以来，对法律学术研究之目的与方法相关议题的关注度未曾有过减退。法律适用——法官与其他法律执业者从事的活动——的方法论不同于大多数法律学者所采用的方法论，这在如今已是被普遍接受的观念。现今，许多欧洲国家的法学院为其博士研究生甚至普通学生提供了学术方法论方面的课程，使这些学生得以意识到，在传统的教义式研究之外还存在一个独立的完整世界。本书对法律学科的这一开放过程贡献了绵薄之力，本人对此深感欣慰。

虽然本书主要为欧洲的读者所撰写，但它也吸引了包括中国在内的其他地域的关注。对我而言，与中国同仁们的合作一直都是极端重要且令人受益良多的事情。过去几年中，在北京、上海以及香港的学术讲演经历让我清楚地意识到，当下中国法学院校中盛行的法学方法论颇为近似于欧洲法学院校的情况。正因如此，对于魏磊杰博士——

我们之间的学术联系可以追溯到大约十年之前——不辞辛劳、耗费心力将本书译成中文，本人谨表最由衷之谢忱。我希望此书能够推进东西法学之间的相互理解。

扬·斯密茨

二零一六年九月于马斯特里赫特

序　言

本书旨在探讨法学研究的目的、方法和组织方式。在过去几年里，这一主题业已获得了众多关注，然而本书的主要目的并非意在详尽呈现近来在诸多国家所引发的相关讨论。相反，下文将对在法律领域中从事学术研究的各个方面进行（往往基于个人体验的）探讨。本书的核心论点在于，法学应当主要处理“应然”问题：“个人和组织在法律上应当做什么？”这个问题不能凭借纯粹地参照国内立法或者判例法来解答，而应当始终根据从其他渊源中获取的诸多论据来解答。这就使得法律学科成为一门高度国际化的学科：它不处理一个或多个法域中的实在法，而是探讨什么是一般性的法律。对于从这一抽象的论断中推导出的许多结论，我在本书中将会深入分析。例如“法学方法的核心是什么”和“法学在何种程度上符合一门学术科目的要求”，诸如此类的问题将会被涉及，同时，也会涉及对于法学研究之组织方式的评估以及围绕此等议题而展开之讨论的重要意义。

撰写本书是一件很享受的事情。在过去二十年里，鉴于曾在不同的法学院工作的经历，我感觉有必要提出自己对于法学研究的看法。这使得我提出了一些有时就连我自己也感到惊讶的见解。我希望读者诸君能够从中发现我在撰写此书时所体认到的启发。当然，坦率而言，可能有些读者会认为我对赫尔曼·梅尔维尔（Herman Melville）“宁可在创新中失败也不要在模仿中成功”这句著名格言的肯定有些过分。

本书所提出的一些观点，我曾在如下地点举行的会议上加以检验：赫尔辛基（2007 年 3 月 21 日，赫尔辛基大学经济法研究中心）、蒙特利尔（2007 年 9 月 27 日至 28 日，麦吉尔大学法学教育问题圆桌会议）、马斯特里赫特（2007 年 11 月 24 日，人权问题研究方法会议）、佛罗伦萨（2007 年 11 月 26 日，欧洲大学学院）、斯泰伦博斯（2007 年 12 月 6 日至 8 日，斯泰伦博斯高级研究所）、蒂尔堡（2008 年 3 月 4 日，法学研究与法学方法论研究小组）、乌赫勒支（2008 年 4 月 8 日，荷兰人权研究所）、罗瓦涅米（2009 年 3 月 16 日，拉普兰大学法学教育三十周年纪念大会）、拉米（2009 年 3 月 19 日至 20 日，北欧研究生学院）和伦敦（2011 年 4 月 20 日，跨国法律研究中心）。本书的荷兰文修订版［书名为《法学的论争》（*Omstreden Rechtswetenschap*）］经由莫妮卡·克拉斯（Monica Claes）、扬·弗兰肯（Jan Vranken）、埃里克·范·达默（Eric van Damme）和埃德加·杜·佩隆（Edgar Du Perron）的评论，于 2009 年 11 月 25 日在蒂尔堡大学问世。从上述这些会议中，以及从克里斯塔·杜波依斯（Christa Dubois）、雅普·哈格（Japp Hage）、亚科·胡萨（Jaakko Husa）、米兰·扬科（Milan Janco）、川上·马克（Mark Kawakami）、张·埃里克（Eric Tjong Tjin Tai）和扬·弗兰肯的评论中，我受益匪浅。川上·马克同时还为本书提供了出色的语言编辑。

扬·斯密茨

二零一二年五月于马斯特里赫特

前言：处于危机中的学科？

1. 一场身份认同危机

传统法学研究面临着重重压力。在世界诸国中，一场围绕法学研究的目的和方法的讨论已经逐渐展开。这场讨论涉及多个层面。其中的一个问题是，法律学者应该关注什么：围绕立法和判例法的传统研究及将其纳入法律“体系”之中（这越发被视为一种缺乏创造性的活动），抑或一些更为高深的主题？另一个问题是，在法学研究中应当采用的方法以及应当如何对这种研究进行评估。而这又进一步引发出这样的问题：何种研究“更好”以及为何情况应是如此？与此同时，一直都存在主张更多地依循其他学科领域的做法来组织法学研究的诉求，包括引进严格的同行评审（peer revicw）和杂志的区分。最终，有些学者鼓吹法律学者也应当在实质意义上更多地面向其他领域（尤其是社会科学领域）；法学研究应该发展成为一门国际性的学科，而不是仅仅主要地关注某个内国法。

> 这场讨论正兴起于一些欧洲国家，尤其是英国与荷兰。根据贝歇尔（Becher 1989，30）的观点，法律学者被他们大学的其他同行们看作“不是真正的学者……他们的学术活动由散布在‘大范围描述’附近的一系列智识困惑所构成，缺乏激情且毫无创造性”。特文宁（Twining 1994，141）将传统的法学研究方法描述为“狭隘的、保守的、非自由的、

脱离现实的和单调乏味的”，过多关注技术层面的细节而太少关注“宏大”的问题。在荷兰，引发此等讨论的部分原因至少是，与法学的不确定身份联系在一起的经济后果：法律工作者们往往难以说服其他学科的代表、高校的行政领导和基金会相信他们的研究工作的质量。在德国发生的与此类似的讨论，可参见 Ipsen（2005）、Engel 和 Schön（2007）和 Bernhart（2008）；关于法学方法论的一种一般性的视角，可参见 Van Hoecke（2011）。在法国，一场关于学术研究价值的相关讨论，正在进行中。就此，可参见 Jestaz 和 Jamin（2004）、Pimont（2006）以及 Muir-Watt（2011）。范·格斯特与米克利茨（Van Gestel & Micklitz 2011）皆主张应当更新教义式的法学研究。

关于法学研究的目的和方法的争论，并不限于欧洲范围之内。尽管在一些欧洲国家法律的学术研究往往被视为学术性不足，但在美国的法学院中通常的批评却聚焦在教学和研究的过程中对于理论性和跨学科性的过分关注。

在美国，这种争论可以说最初导源于哈里·爱德华兹（Harry Edwards 1992）大法官所撰写的一篇著名的文章。在该篇文章中，对于法律实践与发表在相当权威的法律评论之上的（在他看来）往往毫无意义的、平庸的跨学科学术作品之间存在的差距，他进行了猛烈的抨击。除此之外，他认为未来的律师们将不再能够接受充分的法学教育来为他们日后从事律师职业作准备，因为这个国家的法学院正在朝培养学者而非律师的方向转变。尽管如此，根据爱德华兹（Edwards 1992，56）的观点，“‘个性魅力’（personal fascination）并不能成为支撑任何种类的学术研究的正当理由”。德博

> 拉·罗德（Deborah Rhode 2002，1340）也抱怨太多的法学研究做得并不理想："它详尽无遗地发掘出一些并不重要的议题或者只是对关涉重要议题的一些耳熟能详的论点进行重现"。

在过去的十年里，尽管关于法学学术研究的目的和方法的争论已经获得了新的推动力，然而它并非是一场崭新的讨论。至少从十九世纪初开始，关于法律学科身份认同的警钟便已经敲响。就此，冯·基尔希曼（Von Kirchmann）和伦德斯泰特（Lundstedt）分别在1848年（《作为科学的法学的无价值性》）和1932年（《法律学科的非学术性特征》）发出了充满悲愤的呐喊。在荷兰，塔科·马尔德（Taco Mulder）在1937年亦曾出版了一本名为《我对非学术化的法学院之控诉》的小书。尽管这些学者的观点多种多样，然而他们都卷入了与传统法学研究的斗争之中。

> 冯·基尔希曼在1848年作出的呼吁最为契合当前的讨论：他的主要观点是，与绝大多数其他的学术科目不同，法学是（追求）"偶然性的侍女"（maid of the coincidence），主要解决实在法中存在的诸多不确定和分歧。这就使得法学家们——采用基尔希曼带有比喻性的语言说——像蛀虫那般仅仅生长于实在法病枯的朽木之中，而在他看来，这种情形对于法学的学术性特征无疑是致命的。采用他那句著名的表达就是："既然法学只关注偶然，它自己也就变成了一种'偶然'；立法者更改三个词，就可使图书馆的全部藏书成为一堆废纸"（第24页）。
>
> 另外，伦德斯泰特的批判乃是受到一种具体的（经验主义的）科学观的影响：因为法律学者关注的是正义，而正义却不是一种可以观察到的现象，所以法学研究并非真

> 正的科学。由此，它只可能是一种阿道夫·默克尔（Adolf Merkel）所言的“实在性法学”（positive science of law）。尽管如此，对于这种鼓吹是什么使得一个领域具有学术性特征的观点，其他学者（包括奥斯丁分析法哲学的那些拥护者）已经给予了彻底的驳斥。

此种饱受非议的“传统”法学究竟是什么样的，明确这一点相当重要。批判传统法学的矛头通常直接指向其秉持的教义式的研究方法，该方法从内部视角出发来考察规则、原则和判例法，并且将法律视作相对独立于社会、经济和政治现实的一种存在。正是立法机关和法院所提供的实在法构成了任何有意义分析的起点。这种实在法当然可以被批判，但是法学界将大量的实在法视为是既定的，而且法律实践本身亦可以从对教义式的批判和系统化中获益。因此，在既定材料中对于融贯性（coherence）的寻求就顺理成章地被视为学术研究的——如果不能说是最重要的——重要组成部分。

> 麦克拉登（McCrudden 2006，633）近来把传统法学描述为“立基于权威文本而进行的批判性推理”的一门学科。对此，需要强调两个重要方面。首先，立法机关和法院的核心作用：它们的决定可以被拿来批判，但是它们最终作成的文本却具有权威性。波斯纳（1990，83）曾言：“明确地说，法律的最终手段实际上是暴力”。在《一位哲学家与英格兰普通法学者的对话》（Hobbes 1681，［2005，55］）一书中，霍布斯作出了这样的经典表述：“不是理性，而是权威造就了法律。”其次，这种教义式的研究拥有一套自己的方法。尽管这一套法学方法具体由什么构成（它需要某种解释方法、系统化方法和论证方法）可能并不明确，但毋庸置疑的是，它是一种独立的自洽（autonomous）方法：除了其自

身的法律渊源，并不需要参照其他渊源。参见 Posner（2002，1316）、Ibbetson（2003，864）以及下文节码 10 所谈到的内部视角。

2. 处在十字路口的法学

上述诸多讨论证实了法律学科正在经历一场认同危机的结论：不仅圈外人士指责法学的非学术性，而且法律学者自身似乎也不甚明白他们要实践的是何种学科。这场危机令人惊讶。这不可能是一场中年危机：自从在中世纪大学肇建以来，法律学术研究便已经存在。更重要的是，实证科学本身最初就是借助诸如弗朗西斯·培根（Francis Bacon）那样的学者从法学中借鉴研究方法的。在十九世纪，法学被视为人类文明的最重要的成就之一，其地位甚至被认为远胜于许多其他的学术门类。

这不仅适用于描述欧洲大陆的情形，而且对于英美国家而言也是如此。因此，大卫·达德利·菲尔德（David Dudley Field 1859，13-14）曾这样描述法律学术："将法学与任何其他科学相比，与那些在程度上受到最高赞美的、在研究主题上地位最为尊崇的学科相比，甚至将其与被视为高贵科学的天文学进行对比……虽然这门令人赞叹的科学只是关于无生命事物和些许自然法则的科学，但它却建构了我们话语的主题，调整着人类的行为，无论是理性之人抑或不朽之人，渗透到他们的灵魂深处，压制他们的意愿，并使其自身适应他们纷繁多元的需求、动机和具体情形"。

外部世界对于法学的印象显然已经不再依托法学的这些（或其他

的）优点。其总体趋向认为，“真正的”知识不可能建立在概念的建构、融贯性的追寻或者抽象理论的提出（所有这些皆为法学“内部”方法的重要组成部分）的基础之上；相反，它应该建立在实证研究的基础之上。对此，著名的理论物理学家理查德·费曼（Richard Feynman）很好地表达了这一观念。他认为，实验“是判断科学真理的唯一标准”。尽管自十七世纪以来关于学术研究之性质的讨论便已经存在，但是较之过去，法学现在似乎受到了实证主义更为深远的影响。

这种影响的一个结果，就是我们现在也看到了传统法学研究正朝向一种愈发跨学科化和实证性的转变态势。法学似乎站在了其漫长生涯的十字路口。正如托马斯·尤伦（Thomas Ulen）所说的那样：“法学研究正面临着一种与惯常的法学探究方法截然不同的方式。简单地说，就是这一转变使得法学像高校中的其他学科那般，相信它们自己就是在实践‘科学’……”尤伦所描述的转变在美国大体上已经成为现实，而且亦被许多人视为一种对于欧洲而言颇具吸引力的模式。

参见 Feynman（1964）和 Ulen（2002，2）。荷兰的情况，参见 Stolker（2003）；英国的情况，参见 Cownie（2004，72）。这就提出了如下问题：如果其他研究方法能从学术界获得更多认可，那么在法学中传统的、教义式的研究方法究竟在何种程度上能够留存下来？在法学中，实证研究和跨学科研究（包括“法律与 X”研究）在美国享有的地位已然显著高于教义式的研究。关于此种发展态势的最常被引用的研究（*locus classicus*）非波斯纳的论文（Posner 1987）莫属。这也就意味着，法学正越来越成为经济学家、哲学家、社会学家和心理学家关注的领域。麦克拉登（McCrudden 2006，641）甚至将这种发展态势看作“……可能会对将法学研究视为一种独立技能之观念提出挑战的一次法律研究方法的提升”。对于此等发展态势的一种可能的解释，亦可参见

Lawrence Lessing（2001）。

3. 重新发现法学研究方法？

前面的几个部分为本书提供了创作背景。在接下来的部分中所要探讨的主要问题是，传统法学是否是一门独立自主的学科，如果答案是肯定的，那么它在何种程度上是独立自主的。不唯如此，后续内容还会提出这个问题，即传统法学研究的目的和方法是什么，以及它们如何与法学的其他研究方法和其他领域（例如经济学和实证科学）的研究方法关联起来？对于此等问题的解答，需要对目前的学术实践的各个方面以及针对法学研究应当关注什么的一种更为个性化的观点进行广泛的讨论。当然，这就意味着本书所提出的论据也是相当个性化的。

> 本书很难将所要论述的内容进行分类。本书不仅要对法学理论、法学方法论和科学社会学（sociology of science）的几个方面进行阐释，而且还要对实在法和政策问题展开探讨。其间所列举的实例主要（但不限于）取自于私法领域。

本书的主要论点在于，上文所概括的法学研究的发展态势——法学的外部研究方法占据上风——乃是一种危险的趋势。毋庸讳言，法学可以从其他学科的视角中获益。尽管如此，这并不意味着法学的规范性研究方法就应该被抛弃。恰恰相反，核心问题不应当是其他学科如何能够帮助我们使得法律学术研究变得更加“科学”，而应当是法学研究方法本身如何能够更好地满足人们对于一门学术科目之预期。采用有点自相矛盾的措辞来表达就是：对于法学而言，我们具有充分的理由去重新发现法学的研究方法。

为了重新标定他们的领域，法律学者应该主要去考察其他学科，这种观点已经获得了普遍的传播。理查德·波斯纳的观点就与此种观点密切相关。就此，可参见下文节码25。

4. 全书的论证结构

对于法学是什么样的，在阐释我自己的观点之前，描述几种可行的法学研究类型是很有帮助的。第一章通过考察它们的目的和方法来描述这些研究类型。第二章专注于探究（在我看来）法学研究的主要目的：思考法律应当是什么这一规范性的问题。第三章将通过深入探讨与其对应的研究方法，来建构这种观点。最后，第四章将专门就此种观点对于法学教学与科研的组织方式，以及创新性研究和方法之价值的重要影响展开讨论。本书的结语对于法学正处在一种危机状态这一主张进行了重申：贯穿于本书的诸多论据将使得我们能够明确地解答这个问题并了解所处的此等危机的程度。

第一章　法学的类型

第一节　引论

5. 四种类型的法学研究

显然，“法学研究”这个术语涵盖了许多不同类型的研究。然而，对于如何将法学中各种不同的研究工作进行分类，却只有微不足道的零星讨论。本章的目的在于基于人们可能提出的有关法律的问题来对法律的研究方法予以区分。

> 法学研究的分类也可以基于其他的标准。其中，根据法律领域内越发细化的分领域来对其进行分类就是一个常见的标准。只要单独的讲座教授职位和法学杂志存在，是认定一个领域具备设置单独分支学科之资格的标准，那么人们就能得出这样的结论：在过去五十年中涌现了诸多新的领域。在二十世纪五十年代之前，所有的领域常常被涵盖于私法讲座教席这一唯一的职位之下，而如今私法往往被划分为不同的领域：合同法、侵权法、财产法、土地法、家庭法、公司法（往往会再次被划分成公司治理、运输法、保险法、知识产权法等）以及破产法。另一种标准就是所谓的功能性领域的研究方法，这种方法根据某个社会议题把法律加以分类，

> 正如社会法、建筑法和环境法那般；或者根据特定类别的人群将法律予以分类，正如消费者法、青少年法、移民法以及法律与女权主义那般。这些分类与法学研究的目的和方法的问题几乎没有关联，因为它们仅仅涉及被研究对象的实体性问题，而并不关注研究本身。

对于法律可以提出四个问题：

（1）如何阐释法律？这种类型的学术研究之目的就是描述。描述的对象不一定是目前自己法域之内生效的法律：还可以描述十七世纪尼德兰联省共和国的合同法或者当前新加坡的刑法。很大一部分的传统法学都涉及对于实在法的描述。

（2）应当如何阐释法律？在描述法律之后，法律学者就要处理法律应当如何阐释这一规范性的问题。在一篇文章或一本书中，通常都会有关于法律应当如何被阐释的论述和评价。一项对于法官判决意见的评注通常不仅要根据法律“体系”来对该判决意见加以描述，而且还要对其进行批判并且指出对案件可以作出如何不同的处理。在我看来，这种规范性的问题乃是法学的核心所在，然而在对该问题予以解答之时，法律学者在他们的分析中过分强调了现行法律的作用（参见下文第二章）。

（3）适用某种法律规则会带来什么样的后果？这个问题可以引出法律对于社会所产生之效果的探讨。这种所谓的实证性法学正在日益受到学者们的青睐。

（4）法律是什么？它在什么时候有效以及它如何形成？这些问题关乎法律的（政治的和道德的）正当性、法律与其他规范体系（例如道德）的关系，以及诸如历史、社会和经济等因素对于法律发展的影响。此种类型的学术研究通常试图从一种外部视角出发来解释法律。法哲学和法律理论便是在传统意义上处理此类研究的领域。

应当注意的是，法哲学既可以是描述性的，也可以是规范性的。鲁宾（Rubin 1996，571）指出，哈特初版于 1961 年的《法律的概念》（*The Concept of Law*）（Hart 1997）—— 一本针对一年级学生所编写的教科书 —— 只是自诩在描述现行法律，而菲尼斯的《自然法与自然权利》（*Natural Law and Natural Rights*）（Finnis 1980）一书却明确地说明了应当如何改变现行的法律体系。

我要强调的是，把法律问题分成不同类型的“研究议程”，并不是可想到的唯一方法。实在法的研究和跨学科、多学科的研究乃是一种颇为常见的划分。尽管首先针对的是现行法的研究，但跨学科研究却跨越了法学和其他学科之间的界线（法律史学和法律人类学业已开展了很长一段时间，法律经济学和法律心理学这些新创建的领域之目标也在于此）。较为保守的多学科研究之目的，并不在于以一种真正的综合性方法去研究一个主题，而在于纯粹地从不同的视角去看待一个问题。在我看来，这些只不过是可将所有类型的研究议程付诸于实践的研究方法。因此，一项关于实在法的描述，不仅可以采用一种“恪守条文式”的研究方法（“black letter” approach），而且也可以使用一种多学科的方法（参见下文节码 11 及以下部分）。同样，关于“应然”的规范性问题，既可以通过观察实在法来回答（根据现行法律，应当是什么？），也可以借助一种更为基本的方法来回答（如果我们不考虑实在法，那么法律应当是怎样的？）。

鲁宾（Rubin 1996，562）采用了一种相似的分类方法。在社会科学中，对研究问题进行分类是更为常见之事。他们通常将研究划分成四种类型（Ruane 2005，12ff.）。

· 探索（exploration）：发现新的数据。这往往会造就所谓的定性信息（qualitative information）：能够采用语言加以描述的数据；

· 描述（description）：描述某种现象或者某个实验。在社会科学中，这往往（尽管并不限于）会使用定量术语来表达；

· 解释（explanation）：寻求对业已描述的事物的解释；

· 评估（evaluation）：寻求研究可以产生的实际结果。

对于法学研究而言，这种分类方法的价值有限。这是因为法学研究的目的通常不在于描述或解释某些事实，而是旨在质疑不同的观念（ideas）（参见下文第三章）。关于法学研究存在巨大多样性的问题，西姆斯（Siems 2008）提供了一个很好的概述。就此，可参见下文节码 51。

接下来的三个部分将要探讨上文所指出的其中三项研究议程。在每一个部分中，我们也将会解答哪些方法可被用来遵循这些议程。鉴于第二项研究议程（法律应当如何阐释这一规范性问题）极其重要，因此，这一问题将会在第二章中予以单独讨论。

第二节　描述性法学

6. 导言

本部分致力于探讨所谓的描述性法学，它通常被视为法教义学研究方法或者法律系统化的同义词：对于特定领域内法律的系统性描述。这种类型的法学研究往往不再被视为具有特别大的影响力。然而，恰恰正是此种类型的研究与其他学科中对于科学方法的认知最为相似，并且仍然为欧洲和其他地区的法学院所普遍采用。深入了解这种研究活动的目的和它所采行的方法，能够有助于探明对于此等研究方法的批判是否妥当。

没有一门学科可以在不对其研究对象作出适当描述的情况下进行研究。在物理学中，经常是通过对研究对象的特征和行为进行量化来对它们加以描述的。在历史学研究中，研究对象，从国家到个人再到事件，通常使用定性方法来加以描述。在心理学中，对人类行为的研究及其描述则是建立在统计数据和定性数据的基础之上的。

西蒙·夏玛（Simon Schama）的《财富的窘境》（*The Embarrassment of Riches*）（1987）一书提供了在历史学中关于“描述”的一个绝佳范例。这本书运用了许多方法，包括文化–历史的方法和比较研究方法，并且采用文学风格写就，由此形成了介于文学创作与学术研究之间的一种具有创造性的非虚构类作品。我之所以要举这个例子，是因为它彰显了每一种描述可以具有多么大的主观性以及它在很大程度上如何取决于作出描述的具体个人。在人文科学领域，受到重视的经常并非是对事实或数据的枯燥提炼，而是在故事中在创作风格上对于事实的深度呈现，而这也在对于诸如西蒙·夏玛和约翰·赫伊津哈（Johan Huizinga）等学者的评价中获得了体现。

如若对于此等描述应当怎样缺乏一个共同的学科框架，那么就不可能对研究对象进行正确的描述。许多领域中的教科书都注意到了这一点。因此，物理学运用了大量的符号、术语和公式来描述物理现实（physical reality）。而心理学则经常同时使用定量方法与定性方法进行描述。同样，历史学研究也运用了多种不同的方法进行描述。

在物理学中，对所观察的对象作出准确的描述，极为重要：只有在对被观察的对象作出准确的描述之后，才能尝试着对观察的结果进行解释。对于（通常是数学上的）描述，可参见 Riley 和 Hobson（2006）。对于心理学（该领域中的描述——通过案例研究或社会调查——将实验方法和将诸现象相互关联的方法协同起来）中的描述，可参见 Shaughnessy et al.（2011）。自二十世纪七十年代以来，诸如历史学或文学等领域中的诸多研究皆对描述方法进行了广泛的探讨。除了文本分析方法和比较研究方法之外，文学研究已经将实证方法纳入它们的方法论中。对于更多的细节，可参见 Guerin et al.（2010）。

7. 描述：教义式的研究方法

这种对于其他学科领域如何进行描述的考察，形成了法律可以如何被描述的背景。在本部分的剩余内容中，我将会首先探讨描述实在法的常规方法（节码 7 – 10），随后再深入讨论几种可选择的研究方法（节码 11 – 15）。

描述性法学通常被等同于一种教义式的、恪守条文的或者死板的研究方法。这种类型的描述通常的目的是采用一种尽可能中立与连贯的方式来呈现特定领域（例如，合同法或者行政法）中的法律，以便使读者了解它在实际上是如何被阐述的。这方面的范例包括《慕尼黑民法评注》（*Münchener Kommentar zum Bürgerlichen Gesetzbuch*）中关于德国私法的描述、戴雪在《英宪精义》（*An Introduction to the Law of the Constitution*）中对于英国宪法性法律的描述，以及在大部头著作中关于美国法的描述。冯·萨维尼的奠基之作《现代罗马法体系》（*System of the Modern Roman Law*）（1840—1848［1979］）亦属于此等类型的学术研究。它们均导源于一种将主流的法律渊源（包括立法和判例法）置于一个体系之中，进而深入发展这种体系的愿望。

以上列举的这些例子清楚地表明，我们不能将这种研究方法视为是缺乏创造性的。与此相反，从挑选、解释材料到呈现材料的方式，描述性法学需要作出诸多选择。杰里米·边沁（Jeremy Bentham）是正确的，他将这种类型的学术研究称为“阐释性法理学”（expository jurisprudence），与审查性法理学（censorial jurisprudence）相对应，处理的乃是关于法 律应当如何阐述的问题。“阐释”这个术语准确地表明，与所表达的一样，这种描述需要作出选择并且对这些选择进行妥适的详尽说明。

参见 Bentham（1789，［1970 Ch. XVII，21］）。特文宁（Twining 1994，123，131ff.）也将布莱克斯通的《英国法释义》作为法学阐释传统的一个重要例子，并且确定地强调指出，“即便是最低层次的阐释也包含对于难以捉摸之信息的解释、选择和整理”。同样，（例如那些由美国法律研究院出版的）法律重述和（例如欧洲民法典项目中的）欧洲私法原则的编制似乎只是用来描述业已存在的法律（基于简化法律的目的，正如美国法律研究院明确打算做的那样），但是编制法律重述实际上需要作出许多规范性的决定，例如决定所涉法域的哪些特殊性需要被排除而哪些则可被上升为一般性原则，毕竟法律渊源之间几乎总是存在相互的抵牾。就此方面而言，法律学者与历史学家并无不同：正如主张描述历史现实的历史学家创造了历史那样，法律学者则制定了何为可适用的法律。当然，这并不意味着每一种描述皆能够像人们原初所期许的那样。融贯地呈现新的材料或者根据新的标准把旧的材料加以分类，较之于纯粹地将新近的立法和司法判决纳入现行体系之中，需要更多的聪明才智。如果法学研究因为只做到了后者而遭受一定的批判（在我看来，这种情况越来越少），那么这种批评就是理所当然的：高等院校聘用的法学家应当更有雄心，而不应当只想要将新的材料纳入到现有的框架之中（参见下文节码8）。

直到近来，是否具备这种传统的阐释性研究工作的能力，仍然被视为区分优秀的法律人和差劲的法律人的最佳方法，尽管可以说世界上的许多国家只是仍然坚持这种观念的某些方面而已。这并不令人感到意外：鲁宾恰当地指出，如果思考法律的主要方法乃是一种实证主义式的方法，或者是建基于某种自然法观念之上的方法，那么根据基本的原则或规则来描述现行法律将会构成唯一的真正的法学。根据这种将法律视为一种体系的特殊观点，法学的重点在于描述，法律学者应尽量避免对法律应当是什么作出规范性的表述。

鲁宾（Rubin 1996，565）指出："综合性的专著被视为学术造诣的顶峰"。这种类型的著述有时候被视为是对准确的追求（recherches ponctuelles），恰与对优美的追求（recherches sublimes）相对应。就此，可参见 Twining（1994，125）。

赞同此种类型的法律形式主义、鼓吹从内部视角看待法律和系统化方法的一位著名的提倡者是欧内斯特·温里布（Ernest Weinrib 1995，339—340）。温里布强调指出，形式主义预先假定了法律乃是一种"内在的可理解的规范性实践"。这就意味着，一种法律体系虽已由其自身的融贯性所证成，但是它必须依循新的司法判决和立法恒久性地进行重新调整："证成的融贯性（justificatory coherence）不是指向外部的一种先验性的理想，而是指向内部证成结构的组成要素之间的彼此和谐的相互关系。"从一种不同的角度来看，罗纳德·德沃金（Dworkin 1986）也指出了这种融贯性的极端重要性。关于教义式研究方法之价值的论述，亦可参见下文节码 45。

此种类型的法律描述需要明确两个方面：其一，借助于系统化的这种描述方法事实上的确出现了（节码 8 – 9）；其二，法律体系的建构者不可避免地必须采取的内部视角（节码 10）。

8. 系统化

如果法律被描述成一种体系，那么应该采用何种研究方法？将体系的创立与将新的要素纳入该体系之中加以区分，看上去颇有裨益。这种区分相当重要，因为一旦某个体系被付诸实施且被法学界所承认，进而产生了一种新的事实状态（*status quo*），那么它就会影响实体法使其难以背离该体系。

毫无疑问，在未开发的处女地上创立一个新的体系是一项极富创造性的活动。通过揭示矛盾、界定概念和区分规则与判例，将法律呈现为一种内部融贯的概念、规则和原则的集合，这种做法贯穿于法学研究的历史。著名的荷兰法学教授、《荷兰新民法典》的起草者爱德华·梅耶斯（Eduard M. Meijers）将这种做法称为“教义型方法”（dogmatic method）：以逻辑学规律为基础的法律规范或者法律原则的学术化培育：“人们把一套特定的法律事项视为既定的，进而在形式上和实质上使其变得更加完满，而无须使用任何其他的经验知识。”

这种系统化的方法接近于自然科学中常用的方法：对（立法机关、法院或其他机构所产出的）现有材料进行描述，以便让读者们更容易地理解它们，同时也使它们的结果具有更强的可预测性。由此，这些法律描述以一种类似于根据事实观察揭示和批判自然科学规律的方式，让读者们更容易地批判现有的材料和分析它们所造成的影响。在回答卡塔路斯（Catullus）就如何理解大量冗繁复杂的法律的问题之时，西塞罗就已经描述了此种研究方法：

> “总有一天克拉苏(Crassus)将会为我们解决这些问题，并且根据类别对其加以阐述；卡塔路斯，你必须知道，他昨日承诺我们，他会根据明确的分类搜集共同法，虽然目前(共同法)仍分散杂乱，但他将会把它们简化为一个容易辨识的体系。”

尽管如此，直到十六世纪，在人文主义和自然法学的影响下，伴随着其他学科领域经历一个相似的发展，一门法律几何学（legal *mos geometricus*）才真正诞生。

> 参见Meijers（1903，14，19）。众所周知，在罗马时代，几乎没有任何的法律的系统化形式（Cicero，De Oratore（55 BC［1942 Ⅱ，xxxiii］）。正是通过学者们——例如胡果·多内鲁斯（Hugo Donellus）（1527—1591）和让·多玛（Jean Domat）（1625—1696）——的著述，大部分杂乱无章的规则被系统化为一门崭新的法学，“正如牛顿和哥白尼的自然科学那般科学、可靠和确定”（Van der Walt 1995，402）。尽管如此，这种情况一直持续到十九世纪，在以法律理性的最高形式实现全部私法公理的系统化之前，其中的典型代表便是冯·萨维尼的《现代罗马法体系》（1840—1848［1979］）。在这部八卷本的著作中，通过经验归纳法，所有的规则在体系中都找到了其合适的位置。这导致了诸如法律行为（Rechtsgeschäft）这样的抽象概念以及合同法一般理论的产生。萨维尼自己恰当地将他的方法与数学的方法进行类比：“在每一个三角形中……特定的数据可来源于某种关系，根据这种关系所有其他的数据必然皆可被推导出来：因

此……整个三角形就确定了。同样，我们法律的每一个部分都有一些要点是其他部分可能都要考虑的。这些要点被称为基本公理（leading axioms）。区分这些基本公理，并且从它们中推导出内部关联，以及所有法律概念和规则之间关系的紧密程度，乃是众多法学难题当中最为棘手的。实际上，这就特别地赋予了我们的工作以科学的特征”（Von Savigny 1814［1831，38－39］）。

关于对截止到当时仍属未知的领域进行系统化的更为晚近的实例有：德国学者克劳斯·威廉·卡纳里斯（Claus-Wilhelm Canaris）（1971）对信赖原则的“发现”、米夏埃尔·马丁内克（Michael Martinek）（1991—1993）对新型合同的系统化，以及皮特·比克斯（Peter Birks）（1985）对英国恢复原状法的描述。

看上去似乎令人惊讶，即便是理查德·波斯纳（Posner 2007，437）也承认这种类型的学术研究的极端重要性：“法官和立法者杂乱无章的工作成果需要大量的整理、综合、分析、重述和批判。这些皆是对智力要求很高的工作，需要大量的知识以及具有将分散的、碎片化的、烦琐的、令人厌烦的材料组织起来的能力（不仅要有智力、知识掌控力和判断力，而且还要有耐心）。在更为典型的学术领域中，这些工作都缺乏理论广度或者缺乏学术抱负。然而，对于法律体系而言，它们却具有不可估量的重要意义，并且较之深奥的跨学科的法学研究具有更大的社会价值。”就此，可参见下文节码50。

9. 系统化的规范性结果

重要的是要认识到，一旦施行某种法律体系——无论它的结构具有多么的偶然性——这个体系将在很大程度上决定着未来描述的结果。诚然，法律学者总是能够创造出全新的法律概念和法律分类，然而这种做法通常并不被认为非常富有成效。在欧洲大陆的传统中，存在一种在现有法律体系的基础之上继续系统化的纲领性的渴望。这就意味着，新的规则和判例将几乎总是会被纳入现有的分类之中。

参见 Rothacker（1954）和 Smits（2002a）。这并非意味着，纳入新的材料不会促成某个体系的产生。法律体系是动态的：它们需要根据所产生的新材料持续不断地运作。尽管如此，在法律体系自身的范围之内，总是会发生这样的情况：为求达致法律的确定性和法律的平等性之要求，法律在本质上应是保守的。

这种系统化的一个层面需要加以强调。法律的系统化在一个重要的层面上不同于其他学科中的描述——它影响着法律在实践中的适用。鉴于法律学者所研究的体系也在实践中使用，所以这种研究可以产生诸多重要的规范性结果。这就使得法律描述总是规范性的，尽管描述者并没有意识到这一点。如果改变能够契合该体系本身的话，那么采用一种融贯性体系的任何人都将可以催生法律的此等改变。对此，库普曼斯（Koopmans）作出如下论述：

“如果生物学家将一头鲸鱼归类为一种哺乳动物，而不是一条鱼，在事实的世界中这不会造成任何改变……但是，如果法学家将酒吧的一个高脚凳视为动产，而非不动产，他们的意思是说，在酒吧老板的破产案件中，对这个高脚凳享有权利的不是作为抵押权人的银行，而是酿酒厂……”

因此，以一定方式将法律系统化的任何决定皆能够产生实际的后果。至少在大陆法传统中，法学本身可以创造法律。

> 参见 Koopmans（1991，68）。通过学术活动可以发现实在法，这种观念乃是十九世纪的产物。在诸如塞缪尔·普芬道夫（Samuel Pufendorf）那样的秉持自然法传统的学者看来，学术活动仅仅包括对已有的法律进行分类。伴随着概念法学（Begriffsjurisprudenz）的诞生，这一情况发生了改变，致使体系成为法律本身的一个渊源。对此，施勒德（Schröder 2001，245）曾这么说道："在十九世纪，人类扩展了其对物质的认知能力。"这得益于康德的思想，即我们的知识并不取决于客观实在，而是相反：客观实在乃是我们知识的结果。这就为能够形成一种"内在体系"（inner system）的独立的法学开辟了道路。法因曼（Feinman 1989，663）认为："我们如何思考法律"与"我们所思考的法律"并非两件不同的事情："定义创造了现实，就像前者安排后者那般。"

描述法律与就法律应当如何阐述给出规范性判断之间的区别，并不总是那么清晰。关于最优法律的表述，往往是通过对于某项现行成文法或司法判决的解释而作出的。就法院采取此等做法而言，这——至少在大陆法系国家——是情有可原的，因为它们惧怕创造新的法律：它们宁可将其加以掩饰。然而，当法律学者效仿这种做法时，理应阻止他们的行为。

应予强调的是，这种系统化的方法为决定究竟哪些材料应当被系统化留下了选择的余地。直到十九世纪，对于罗马法的系统化多半如此，然而如今法律的系统化则主要建立在国家立法机关和法院的产物的基础之上。这一点显而易见，考虑到在大量的司法判决和成文立法中"发现”某种体系的方法，原本就是旨在创设一门普世的法学：正如一门“内国的物理学”不可能存在那样，关于不同内国法的知识也纯粹只是一种旨在建立一门普世学科的手段。

> 目前，我们拥有与国家数目一样多的法律体系。仅仅因为它们有着共同的历史渊源，以至于所属的法域彼此类似。关于建立一门普世法学之观念的论述，可参见 Schweber（1999）。从一门学术科目（包括法学）所应满足之要求的视角来看，仅仅关注内国的材料是存在问题的（如果人们纯粹只考虑立法机关的立法与法院的判决，那么甚至会存在更多的问题）。就此，可参见下文节码 21 与节码 39。在描述可适用的法律时，一种较为新颖的研究方法是，也将欧洲法律制定者和国际法律制定者所产出的私人规制（private regulation）与私人规则考虑在内（参见下文节码 25）——正如在诸如“全球行政法”的运动中所呈现的那样。

10. 一种内部视角

传统的法学描述的第二个方面是，它通常采取一种内部视角。生物学家就是如此，在描述刺猬的行为时他使用自己的科学语言，而不使用刺猬本身的语言，这就像研究医疗行业的社会学家不必成为熟悉医学术语的专家那般。同样，文学评论者的目的也不在于让自己成为一名作家（至少在大多数情况下并非如此）。然而，法律学者却使用了与其研究对象完全相同的法律术语。而且这并不代表全部。鲁宾（借用福柯的一个术语）将该种做法称为“话语的统一性”（unity of discourse）：法律学者们“不但要分析法官们的工作方式，而且他们往往也要把自己当作法官，并且像法官那样表达。他们使用法庭本身的术语在法庭上发言，为作出的判决提供备选的理论基础，或者提出为何一种不同的判决可能更为可取的理由”。

参见 Rubin（1988，1859ff.）。这种现象在美国的著作中被广泛地讨论。勒尼德·汉德法官（Learned Hand 1926，466）将法学家和法官称为“在同一片土地上耕耘的劳动者”。波斯纳（Posner 2002，1315）就二十世纪七十年代美国法律学者的情形所作的论述，现今对于他们的欧洲同行而言仍然适用：“他们甚至像律师而非像法学教授那样打扮自己。他们轻松自如地在高校和诸如法院、政府机关那样的非学术场所之间穿梭。”关于德国立法与德国学术之间的密切关系的论述，可参见 Vogenauer（2006）。

这种参与者的视角也是法科学生培养的一个固有部分：许多法律课程都意在让学生站在法官、立法者、律师或者法律顾问的立场上，进而能够在实际上作出决定。法律学者要参与到法律过程本身之中，这种观点长期以来始终被视为具有积极的意义。温里布甚至认为正是内部视角使得法学成为一门独立的学科：一旦法学采取一种外部的（经济的、社会的、历史的）视角，便不会再有一种法学方法来解决上述提到的问题了。

这就意味着，法律学者必须自己发现法律。就此，可参见 Weinrib（1995）和 Rubin （1996，562）。正是通过这种内部视角，法学与法律实践才密切地联系在一起：有的学者的人生目标就是指出法律如何阐述或者应当如何阐述，时刻准备好倾听那些法律适用者的声音。

此等内部视角与如此的一般性见解是一致的：对于研究对象的恰

当描述，通常出自将他自身置于参与者立场的研究者之手。这种参与式观察法来自人类学领域的众所周知的方法。然而，必须要提出的问题是：就法律而言，此等盛行的看法是否没有过多地关注业内人士的视角（参见下文节码25）。

11. 法学中的描述：可选择的研究方法

除了教义式的分析，对于法律的描述是否也可以采取其他方式进行？毫无疑问，答案是肯定的：存在许多法律外部描述的例子，即使用其他术语而不使用法律本身的术语来进行的描述。这种类型的描述通常会使用其他学科的方法，包括社会学、人类学和经济学。比较法学和法律史学在描述外国法和过去的法律时，它们看上去的确使用了法律术语，然而这是由此等学科通常所使用的研究方法所引起的，也就是说，此时它们是作为法律的学科（即从一种内部视角出发），而非作为一种比较方法或历史方法的代表物而出现的。对此，我将简要地考察这些其他类型的描述方法。

> 这番考察可以简短一点，因为对于本书所提出的主要论点来说，这不是必需的。我也承认社会学家、经济学家和历史学家在这一必要但却有限的概述中可能无法充分地认识他们的工作。然而，在下文节码40中，我将会提出另一种类型的描述方法：鉴于法律的日益欧洲化，根据论据而非规则来描述法律变得越发迫切。

12. 法律的社会学描述

自从欧根·埃尔利希（Eugen Ehrlich）出版了他的著名的《法社

会学基本原理》（*Fundamental Principles of the Sociology of Law*）（1913［1936］）以来，法学既可以从教义式的角度也可以从一种社会学的角度来描述，已经显而易见。继埃尔利希之后，在《经济与社会》（*Economy and Society*）（1922［1946］）一书中，马克斯·韦伯（Max Weber）将使用法律术语的描述与一种从外部视角出发的价值中立的描述加以区分。对于韦伯而言，这是一种相当抽象的描述方法。由此，人们可以根据法律所设法实现的价值（例如限制政府权力）、规范性（期望）与现实性（期望在现实中如何实现）之间的关系，或者将其视作一种对阶级利益的宣示来描述法律。关于法律作为治理方式的描述——将法律视为一种以合法的、融贯的方式行使权力——也相当地引人注目。

参见 Weber（1992［1968］）。卢埃林（Llewellyn 1930，3）从争端解决的角度来描述法律：法律就是“官员们围绕着争议所做的事情……”关于作为治理方式的法律之论述，可参见 Hunt 和 Wickham（1994，99ff.）。法律现实主义的目的也在于描述法律“实际上”是如何运作的。霍姆斯从“决策分析”的角度来探讨法律：问题在于关涉法律的决策实际上是如何作出的。这就将“坏人”置于关注的中心，他只对法官将会如何裁决他的案件感兴趣，并且以此作为他的行为的根据（从道德的角度来看或许毫无教益可言）。霍姆斯（Holmes 1897，461）曾说：“我所指的法律就是，关于法院实际上会如何做的预言，没有什么比这更狂妄的了”。关于（美国）法律现实主义的一个概述，可参见 Leiter（1996）。在过去十年里，在美国许多崭新的法律现实主义方法已被提出。这种“新法律现实主义”主张使用更多的定量研究方法，鼓励法律学者们开展更多的田野调查。就此，可参见《威斯康星法律评论》（2005，335ff.）专号和“新法律现实主义”网站：www.newlegalrealism.org。

法律社会学的一个重要组成部分便是探讨规则对于社会的影响。这种类型的研究通常抱持一种强烈的规范性偏见（normative bias），并且考察某项规则的(缺失的)功能运作是否应当会影响对于它的接受。就此而言，社会学家所做的不再是一种对法律的描述，而是真正的实证性学术研究（参见下文节码16）。

13. 法律的经济学描述

也可以从经济分析的角度来描述法律。在法律经济学中，经常会看到规范性分析和描述性（实在的）分析之间的区分。在（存在争议的）这种规范性的变种中，经济分析解决的是法律应当如何阐述（或实质性争议需要如何裁决）的问题，如果它的目的意在实现福利的最大化：法律规则由此遂以这样的一种方式来设计，以至于它们能够增进社会福利。法律的经济学描述只是意在根据经济学原理描述和解释现行法律。就此议题，理查德·波斯纳评论道："普通法可以最好地被解释为法院似乎正在设法使得经济福利得以最大化"。若情况的确如此，这就说明大部分的私法和刑法皆可被理解为意在追求效率，而且已然形成了旨在谋求福利最大化的诸个体系。

> 经济分析方法是建立在以往发表的最具影响力之一的一篇期刊文献的基础之上的：科斯的《社会成本问题》（*The Problem of Social Cost*）（1960）；对此，亦可参见 Posner（1983，4）。波斯纳指出，"观点的修辞"只会导致掩盖法律判决的深层理由。取而代之的是，法学教育和法学研究的目标应该是将真正的理由揭示出来；这样，效率就成为一个重要的因素（Posner 2003，25）。由此，侵权责任、公平审判、征用补偿和不当得利原则，就具有了一种经济学上的基础（Posner 2003，27）。同时，经济分析也可以揭示出对

于消费者的保护所产生的负面影响（Posner 2003，27），这就证明了描述是如何可能轻而易举地变成一种规范性的活动的（参见下文节码 34）。

14. 法律的历史学描述

人们通常认为法律史学家和比较法学家在描述法律上具有丰富的经验。这是因为他们本来就应该努力探讨关于过去的法律或外国法律如何能被客观地呈现的问题，而从一开始便以现行法律的角度来探讨这个问题并不足够。

然而，这正是大多数法律史学家所遵循的方式。荷兰法律史学家亨克·霍恩廷克（Henk Hoetink）将纯粹的历史方法和以现行法律为基础的描述方法予以区分。第一种方法的目的是再现过去法律的真实面貌，以便反映曾经存在过的历史事实。这就意味着，过去的法律概念和法律规则要被置于过去的更为广阔的文化与经济的大背景之中。第二种方法则脱离现行法律，向过去回溯，以便解决当代的一些问题。在此等情况下，历史被用于经验借鉴以完善现行法律，而非谋求对于过去的客观的恢复。因而，对过去法律的呈现并非绝对正确肯定是有可能的，但考虑到“建设性误解”（productive misunderstanding）所能带来的重大益处，这些小问题也就无足轻重了。

霍恩廷克（Hoetink 1929［1986，27ff.］）指出：在第一种方法中，法律史学乃是文化历史学的一个组成部分，是一门来自“无关利益的兴趣”（disinterested interest）的研究。此种纯粹的法律史学研究与兰克（Ranke）和蒙森（Mommsen）的名字密切相关，关于此种研究方法的当代实例包括了弗里德曼（Friedman 1973［2005］）和霍维茨（Horwitz 1977）

> 所撰写的美国法律历史的著作。实际上，法律史学家主要使用的是第二种方法，在这种情况下他们从一种内部视角出发来描述法律。也就是说，通过使用他们自己的分类、概念和规则，使得他们首先成为法学家而非历史学家。在比较法研究中，我们发现了一个类似的争论，在该争论中一种严格的学术研究方法需要按照其本国的术语来描述外国的法律。尽管如此，鉴于比较研究方法也可以满足其他目标，而非纯粹地累积客观的知识，因而其他的研究方法也已经涌现（Husa 2009）。

令人吃惊的是，许多法律史学家几乎没有注意到或普遍没有意识到在历史学领域中存在可用来描述过去的其他方法。这是一种遗憾，因为法律史学在描述法律中的历史事实之时可以从这些视角中获益。

> 比较法学家也要努力解决类似的困扰法律史学家的一系列问题。例如，可参见安克斯密特（Ankersmit 2001）对此所作的概述。历史学的描述也需要作出选择，这显著地体现于有关在多大程度上存在着一种欧洲民法传统的讨论。尽管莱因哈德·齐默尔曼在《债法：民法传统的罗马法基础》（Zimmermann 1990）一书中强调了这种传统的延续性，但蒙纳特里（Monateri 2000）对此却抱持着较为怀疑的态度，更多地注意到历史中存在的大多数断裂以及由罗马法到当代法的非连续性的发展。这是一个视角的问题：当确定了一项要对销售有瑕疵的产品负责的规则时，人们看到的是民法传统的连续性，但是如果这个有瑕疵的产品是罗马时期的一个奴隶和现代的一台苹果笔记本电脑，那么人们看到的则是民法传统的非连续性。

15. 法律的比较描述

比较法学家们之间往往探讨一个相同的问题，即较之于本国的法律，如何描述另一国的法律？不唯如此，人们能够将一种对于外国法律体系的描述和一种对于本国法律体系的描述区分开来。与法律史学家不同，比较法学家并没有结束关于何为最佳之描述方法的争论。

描述一个法域要在此等语境下进行：由于大多数的比较研究针对的皆是相同法系之内的相似法律体系的比较，因此法域本身通常被视为是没有问题的。在这样的情形下，外国法律体系中的术语通常与本国法律体系中的术语类似。即使一个术语在其他地方有着不同的含义，它和本国法律中术语的含义也不存在根本上的差别，由此人们不需要通过一种真正的外部视角来理解外国的法律体系。

> 有关于此的一个著名例外就是所谓的“同形异义词”（false friends）（一些术语看起来相同，但实则含义截然不同）。就此，可参见 Tallon（1998）。

当从自身法域的角度切入无法理解外国法律之时，情况迅速发生了改变。这时，比较法著作通常转而寻求所谓的功能性方法：作为一项法律规则甚或作为整体的法律体系具有何种（社会的）功能？然后，通过选择一种外在于法律的衡量标准，来对不同的法律规则和法律体系加以比较。

> 在微观层面上功能性描述的一个著名例子，是康拉德·茨威格特（Konrad Zweigert 1964）所写的一篇论述合同法中真实意思表示的文章，该文提出的问题就是何种规则可被用于区分有约束力的承诺和不具有约束力的承诺。只有从这种功能的角度出发，人们才能够将原因、对价和创设法律关系的意思表示联系起来。法律体系越是多样，比较的标

准就必须越是抽象，这一说法或许是正确的。由此，人类学家冯·本达－贝克曼（Von Benda-Beckmann 1979）基于一种普遍范畴的差异来对所有法律加以区分。这种差异可采用建制化的程度、强制性的程度（mandatoriness）以及对个人自主性的限制程度来进行描述。就此，亦可参见 Strijbosch（1996，536）。根据所谓的“法律职能”来描述法律也是一种广为人知的方法：每一个社会都必然具有某些（法律的）功能，例如裁决纠纷、规范行为、决定何人享有权力、确定该种权力应当如何行使，以及如何提供凝聚力［这种方法被卢埃林和霍贝尔（Llewellyn & Hoebel 1941）极好地应用于对夏延族印第安人的非国家法的研究之中］。对此，亦可参见 Hoebel 1967［2006］。

根据本国自己的法律体系来描述外国的法律体系，是迄今为止荷兰的一种学术传统。科内斯·范·佛伦霍芬（Cornelis van Vollenhoven）和其他学者的所谓的“亚达特学派”便是采取此等做法。他们的目标就是使用非西方术语将印度尼西亚群岛民族中的“活法”（living law）编纂成册。由此，相关民族秉持的“本土法”的观念就要被加以强调（与法学家对本土法观念的学术化描述相反）。佛伦霍芬谈到，要“以东方的方式看待东方的法律”（Hollenman 1981）。在印度尼西亚，甚至存在一本记录此种法律的手册，即所谓的《亚达特法指南》（*Adat Guide*）（1910），其中介绍了研究方法并且对所涉及的法律进行了描述。根据他自己的方法，佛伦霍芬将群岛区分成 19 个法圈（rechtskringen），借助于“中性的”新词，并采用诸如土地法（例如“以租赁换取贷款”）和过失法（law of wrongs）这样的术语（由此避免了——在亚达特法中并不存在的——可罚的犯罪行为和民法侵权行为之间的区分）明显地避免了诸如物权法和债法那样的区分。

必须提出的问题是，这种功能性方法是否真的是比较不同法律的最佳方法。借用非法律概念来描述法律所面临的风险可能是，读者无法领略法律的真谛（以及法律对受其影响之人的意涵）。

尼尔斯·扬森（Nils Jansen）将（比较）宗教学研究作为一个重要的参照。正如比较法学那样，这门学科也面临一个相同的问题：如何以一种客观的方式描述一个宗教（的概念）？例如，人们如何描述像“神圣”（holiness）这样的术语，或者如何比较关于“神”的不同看法？对这门学科作出描述之人的个人观点，既不起决定作用，也非一种功能性方法：将宗教戒律或者基督复活视作功能问题似乎丧失了一门宗教的核心要义（Jansen 2006，328）。然而，对一种存在于不同宗教中的普通现象加以描述，继而分析内在于这一现象的相同与相异之处，这样的比较却是可能的。这就意味着借助于一种“第二层次的比较性语言”（comparative second-order language）来进行的比较是可行的，即容许人们基于“从内到外”的视角来判断何为重要与何为不重要之事物的一种主体间性的描述（inter-subjective description）。这种方法也可以运用于法律比较：参见下文节码46。对于功能主义的深入批判，可参见Husa（2003）。

第三节　实证性法学

16. 关于法律效果的研究

第二种类型的法学被称为实证性法学，其目的并不在于一种对法律的（教义式的或其他的）描述，而在于探讨它的适用和效果。实证性法学对法律参与者、制度、规则和程序进行研究，从而更好地了解它们如何运作以及它们产生了什么样的效应。因此，这个领域并不关注法律规定了什么，而在于法律实际上产生了什么效果。这种类型的研究正在日益受到人们的青睐，其中一部分原因源自这样的一种观念：“真正的”知识必须能够经得起实证的检验。

上述关于实证性法学的定义，可参见 Baldwin 和 Davis（2003，881）。埃里克森（Ellickson 2000）呈现了美国在过去二十年中关于法律与其他学科交叉研究之数量业已提升的程度。从 1985 年至 2000 年，科罗布金（Korobkin 2002）采用一种实证性方法研究合同法，在美国法学杂志上总共发表了 27 篇文章。自此以后，这个数字开始大幅上升：现在许多法学杂志也完全致力于实证性的研究方法，例如《法学研究杂志》（*Journal of Legal Studies*）、《法律与社会评论》（*Law and Society Review*）、《法学与社会杂志》（*Journal of Law and Society*）和《实证法学研究杂志》（*Journal of Empirical Legal Studies*）。海泽（Heise 2002）对于实证性法学研究的历史进行了梳理。

对于某项成文立法或司法判决如何影响现实的关注，可能会让当代的法学家们感到有点吃惊。一种纯粹的教义式研究方法的时代（其中关于某项规则价值之评判仅是以其适应教义体系的程度作为基础）——如果那些时代的确曾经存在——现在已经距离我们很远了。人们并不需要重复那句耳熟能详的话——“我们现在都是现实主义者”——来意识到这一点。

这种方法建立在冯·耶林、埃尔利希和韦伯（参见上文节码 12）的研究以及美国法律现实主义的基础之上。路易斯·布兰代斯（Louis Brandeis）是早于美国最高法院而率先对关于妇女工作时间之立法在实践中如何运作做出解释的学者之一［Muller v. Oregon，208 U.S. 412（1908）］。事后，罗科斯·庞德在于 1942 年出版的《通过法律的社会控制》（*Social Control Through Law*）一书中对“运行中的法”的重要性予以详细的论述。在德国，针对法律的后果分析（Folgenanalyse）所进行的广泛讨论，可参见 Stein（2000，21）。

然而，我们不应高估实证性研究对于法律的重要性。“对于法律的理性研究而言，法条主义者（black-letter man）可能是熟知现行法律者，但未来的法律人则需为统计学家和经济学大师”，霍姆斯的这句名言并没有成为现实。这是因为，关于法律应当是什么的规范性问题（“什么是法律所允许的和什么是法律所不允许的？”）与某些事物是否“产生效果”的实证性问题之间的关系尚未彻底明晰。实证性研究的前提乃法律是一种工具，并且由此它可以以一种实证性的方法来加以检验。这就隐含着一种强烈的法律工具主义观念，以至于难以与法律的教义式研究方法相互调和。当将一种在逻辑上融贯的原则体系之建构置于主导位置，而将（根据成因与效果）对于经验现实的研究置于次要位置之时，这两种学术研究模式之间的张力就变得越发明显了。

参见 Holmes（1897，469）。在一种教义式的方法中，并不需要进行实证性分析。唯一需要检验的是，规则是否适应（融贯的）体系。一旦法律的社会影响在评价法律上开始扮演一个角色之时，情况就变得不同了。尤伦（Ulen 2002，27）还提到了另一种原因：法律实证性研究在传统上扮演无关紧要的角色也是由于法律欠缺一种可检验的核心理论这个事实所导致的。这一点不同于许多其他学科（例如经济学的侧重点是理性人）。另外，必须提及的是，国家所发挥的调控作用的日趋重要，导致了对于实证性研究的更大的需求。如果法律主要被当成一种追求某些特定目标的政策工具来使用，那么距离对于这些目标之实现程度的实证检验只有一步之遥。对此，亦可参见下文节码35。

最初实证性研究方法的直接目标便是找出决定司法判决如何作出的诸多因素。相较于教义式的分析，它不再被视为对于法律如何阐释发挥着决定性的影响，而是被看作在促使法官明白为何作出某项判决上发挥着作用。如今，法律实证性研究在刑法、劳动法、环境法和法律职业准入等领域中的应用尤为普遍。

近来，法律服务的消费者（Baldwin & Davis，2003，667）和法律谈判已经备受重视。或许，在过去几年里，对实证性研究方法谈论最多的阐述者就是美国学者史蒂芬·莱维特（Steven Levitt）。他的研究以此等格言为其特征，即法律和道德的内容可能是人们希望世界如何运作，但更重要的是要明白世界实际上是如何运作的。一篇备受争议的文章已然体现出这种实证性研究方法如何可以极大地对研究产生刺激，在该文中，莱维特（Levitt）和多纳休（Donahue）试图为1990年之后美国犯罪的减少寻求一种解释。他们给出的理由是，美国最高法院在"罗伊诉韦德案"（Roe v. Wade）［410 U.S. 113（1973）］中确认了堕胎的合法化从而导致因父母意外怀孕而出生的孩子变得更少了。意外怀孕出生的孩子更有可能变成罪犯，因为他们的父母还没有做好抚养他们的充分准备。就此而言，堕胎的合法化将导致更少的犯罪（Levitt & Donahue 2001）。

继发展完善的犯罪学领域之后，对于私人关系之规制进行实证检验的呼声正在日益高涨。有学者曾经多次提到在很大程度上在私法领域中欠缺一种与犯罪学相对应的学术门类。正如英国纳菲尔德基金会（Nuffield Foundation）（2006）在一份报告中指出的那样："并不存在相当于犯罪学的民事行为学（civilology）"，这昭示出在诸如家庭法、商法、劳动法和合同法等领域中皆欠缺综合性的实证研究。西姆斯（Siems 2008）关于法学研究类型的论述展示了诸多可行的法律实证性研究，同时说明了将它们归并到一起并没有太大的意义。针对当事人法律意识程度的研究（Ellickson 1991）与关于裁决纠纷方式的研究（Genn 1999）以及关于相较于大陆法系普通法系更有利于经济发展的研究（Shleifer & Glaeser 2002; Faure & Smits 2001）彼此之间大相径庭。

毫无疑问，实证性研究方法借鉴了一些非法律学科的方法。重视实证性研究需要使用其他学科的方法而不是法律方法来寻求相关问题的答案。尽管如此，人们不能期待从实证性法学研究中获得与像（例如）自然科学那样所能提供的相同的确定性：实证性研究的结果只是不太可靠，但这并不因此意味着这些研究结果无关紧要。

这种研究方法通常分为定性实证研究法和定量实证研究法。前者通常包括了组织采访、开展个案研究或者阅读文献等方法。这类研究的结果不可能总是可被一般化的，但这并不会具有太大的关系，因为研究结果的目标通常在于帮助更好地理解某种法律现象，而不是为收集数据而收集经验证据。定量实证研究法可以包括大规模的数据采集和对于数据的统计分析应用，正如犯罪学和受害者心理学中所经常操作的那样。此外，进行实验也是可能的，诚如海森（Hesen

2009，147ff.）近来所做的那样，她让 120 名学生回答将近四百份有关生物制药行业合同的问题，以此来研究关于合同的认知负荷（cognitive load）问题。

鲍德温和戴维斯（Baldwin & Davis 2003，889ff）很好地展现了在与诸如政治学或心理学那样的学科进行比较时，法律的实证性研究往往并不十分周全：“通过效法更有经验的同仁，研究技能得以获取，而就所采用的方法而言，并非特别的复杂和富有技术性”。鉴于研究结果往往可以自圆其说且具有影响力，这根本算不上是一个问题，毕竟，麦考利（Macaulay 1963）关于商人在现实生活中援用合同法情形的著名研究便是建立在人数相对有限的访谈基础之上的。关于在法学研究中予以应用之时，应当全面看待实证数据的稳健性，可参见下文节码 55。

第四节 理论性研究视角

17. 关于法律的研究

继描述性法学研究和实证性法学研究之后，法学研究还可以被区分成第三种类型。这种类型的研究关注法律是什么、法律和其他规则集合有什么不同、它为什么和在什么时候有效，以及它是如何形成的等问题。这些问题在传统上由法哲学和法理学来处理，然而关于法律的问题也经常产生于其他分支学科中。此处只是对这种元法律视角（meta-legal perspective）进行简要的探讨。

这种类型的研究当然并不限于法哲学所探讨的和比克

斯（Bix 2009）所精彩描述的一些高深的问题。关于最优私法的设计（Purnhagen 2013），对于一部统一的欧洲私法的需求（Smits 2005）、晚期西班牙经院哲学家对胡果·格劳秀斯关于错误和不当得利之观念的影响（Feenstra 1974），这些问题也都属于这种类型的研究。

“元法律”视角这一术语经常被用来描述不具有教义性特点的所有方法，因此也就涵盖了诸如法律与心理学、法律社会学和法律经济学那样的领域。尽管如此，这些学科领域往往与实在法存在着更为直接的联系，进而从某种具体方法的视角出发来对其进行考察。

理论性视角的巨大价值在于，它通常不以实体性法律领域的分支作为起点，而是设法获取与各种法律领域相关的洞察。由此，理论性视角所面临的挑战便是对这些特定领域的发展态势保持了解，并且使得专家们很容易地再次得到业已获取的一般性洞察，而这并非是一件轻而易举的事情。因此，在法律越来越国际化的时代，目前的挑战似乎是为法律找寻一个新的哲学基础。法律的日趋欧洲化和私人化使得通过采取诸如凯尔森的基本规范（Grundnorm）或者哈特的承认规则（rule of recognition）那样的标准来确定法律是什么变得越发困难，由此现在急需一种崭新的法律正当性的理论，该理论可堪容纳那些并不契合实证主义观点的其他的法律渊源。

参见下文节码 27 和节码 40。大量的著述涉及诸如法治、民主和主权等概念的国际化所带来的影响。在欧洲私法或欧洲宪法领域中，虽然相关讨论也相当广泛，但却主要涉及欧洲规范的实质内容以及它们对于内国法的影响。对于欧洲化如何造就了一种全新的“超国家法”，并且这种超国家法如何影响实质性领域，一种比较广泛的理论在很大程度上仍付之阙如。相关著述的详细目录，可参见 Michaels 和 Jansen（2006）、Jansen 和 Michaels（2007）；对此，亦可参见 De Burca（2008）。例如，何种层面的法律获得了最好的规制（是地方层面、国家层面、欧洲层面甚或是超国家层面），这一问题直到欧洲化程度极大加深之后才被加以探讨，更不用说规制应当交由非公有部门来实施这样的备选的可能方案了。对于这一问题的解答也决定了私法应当如何系统化：通过构造一种单一的欧洲体系还是构造两者皆有其自身合理性的彼此分立的内国体系与欧洲体系（Michaels 2011）。

理论性研究可以采用多种研究方法。法哲学和法理学倾向于采用与实证主义法学研究相同的论证方法和论证技巧。研究的问题也经常促使我们借鉴其他学科的研究方法（和视角）。

尤其是，理论性研究可以从其他学科处理特定问题的诸多方法中受益。有鉴于此，当问询某一法律体系如何形成之时，灵感可以从进化理论中获得；同样，当问询是否需要统一法律之时，借鉴一种经济学的研究方法可能有助于这个问题的解答（Smits 2002b and Smits 2005）。

第五节　接下来是什么？

18. 持续的争论

上文已对三种重要的法学研究方法进行了探讨。法律学者可以描述法律、可以问询法律在社会中如何运作，并且可以讨论有关法律本质和法律发展的诸多理论问题。每一种研究活动皆很有用处且各自拥有自身的研究方法。尽管如此，还存在第四种法学的研究方法：正如在上文（节码 4）已经指出的那样，法律学者也可以提出关于法律应当是什么的规范性问题。在我看来，这才是法律学科的核心所在，因此值得给予单独的讨论。下述的第二章和第三章将着力探讨此等类型的法学研究。

第二章　法律人：对规范性法学的重新界定

第一节　引论

19. 论证过程

本书的前言业已表明，围绕法学的目的和方法存在大量的工作需要去做，由此造成的影响已然达到使得法律学者自身不再能够分清他们学术活动的核心究竟为何的地步。这便是在第一章中指出关于法律的四个问题以资帮助法律学者对其研究进行分类的原因所在。尽管如此，这不应该使得我们忘记什么才是法律学科的核心问题。本书的主要论点是，法学主要借助关于法律应当如何阐述的问题而形成。在就此论点进行深入详细解释之前，本章将首先对一门学术科目应当满足的一般条件予以考察（节码 20 – 22），接着在节码 23 – 26 中将规范性法学确定为法律学科的核心，最后就此等观点的理论基础加以论述（节码 27 – 29）。

第二节　是什么造就了一门学术科目？

20. 学术科目

毋庸赘言，并非所有的学术科目都是相似的。这也是一般根据它们的特征和方法来区分各种不同分支的学术科目的原因所在。因此，形式（或先验）科学经常与实证科学进行对比。形式科学（例如数学、逻辑学和计算机科学）以某些现有的公理和推演法则作为起点来研究抽象客体。一种理论的正确性由此完全取决于这些公理：它们所创造的现实乃是一个完全虚拟的现实。实证科学（例如，物理学和生物学）则与之有着根本性的差别：在这一点上，一种理论的正确性可以借助于物理实验来加以检验。第三种类型的学科则由人文科学所构成，研究的是人类思想的不同产物。

就此，可参见 Salmon（1999）和 Leezenberg & De Vries（2001）。在实证科学内部的其他区分涉及实验性学科（如物理学）、观察性学科（如天文学）和解释性学科（如心理学的几个分支）。人文科学的目的往往不在于发现真相或新的事实，而通常在于探求一种关于现存事实的另类视角，这并不必然导致对现有视角的取代。

从古老的科学到非常现代的科学，在科学内部也可以进行其他的区分。亚里士多德曾将理论的科学（就像哲学那样，旨在获取“纯粹的”知识）、实践的科学（研究公民的行为——如法学、伦理学和政治学）和诗学（探寻关于创造事物的知识）加以区分。国家科学研究机构（例如荷兰科学研究组织和德国科学基金会）经常把各种不同的社会科学（包括法学、经济学和心理学；参见下文节码 53）汇拢在一起。

另一种区分则是对“纯”科学（例如理论物理学）与应用学科（例如机械工程和医学）的区分。

在这种语境下，关于在不同的学术科目中如何对法律学科进行归类的问题，一直存在诸多争论。在我看来，这完全取决于人们在研究法律时所追求的目标：这不但可以使得法学成为人文科学的组成部分，而且也意味着法学必须被归类为一种实证性学科或者规范性学科。

法律学科强调教义体系（“教义学”）和规范的制定乃是人类思想的产物，就此而言，它归属于人文科学。由此，在许多情形下附随它的研究方法就是一种诠释学的方法。法学关注的是规则在实践中如何运作的问题（参见上文节码16），就此而言，它也是一门实证性学科。有关于此的一种极端的不同观点认为，我们只能接受“运作着的”法律（亦参见下文节码35）。人们甚至可以为这样的主张辩护：法律规范经历了一场与自然法则相似的发展历程：或许法律规范不能通过归纳或演绎的方式来确定，但是它们必须要被社会所接受。从这个角度来看，规范只不过是借助它们在事实中的适用而变为有效的假言命题（可参见 Engisch［1997］和下文节码52）。最后，法学也可以是一门规范性的学科（参见下文第三节）。

在回答法律学科应当满足哪些条件从而成为一门学术科目的问题之时，确定我们正在探讨的是三种不同分类中的哪一分类并没有意义。我们希望一门学术科目满足的条件乃是独立于这些不同的分类的。

21. 一门学术科目应当满足的条件

刚刚所区分的学术科目，无论它们如何的多样化，在一些事项上总存在诸多共同之处。若一门科目要被视为一门学术科目，则它必须满足某些条件。首先，所有学术科目的目标皆在于知识的系统化：它们不满足于对信息的松散收集，而是力求在一个现有的框架之内描述、评估和解释信息。其次，此等知识必须已经通过一种被学术界公认为有效的方式获取。最后，所有学术科目都追求超越本土的知识：学术研究针对的是普世性的知识，因此它必然是国际性的。

就此，可参见 Ruane（2005，10ff.）。并不是只有（自然）科学以知识的系统化作为目标；这对于任何的学术科目而言都是如此。“科学”（*scientia*）这一术语是指知识；而且若缺乏一定数量的有序的构成要素，知识似乎是不可能的。因此，《牛津英语词典》将科学描述为“与内在连贯的被验证的事实的集合体或经过系统化分类的被观察到的现实……”相关的一门研究分支。

接下来的一个条件是，知识要么是通过一种公认的研究方法获取，要么至少被视为学术实践的一部分。此种方法论层面的要求乃是根源于所获取的知识必须是可靠的并且不只是基于一种直觉或者感觉的事实：因此，采用一种公认的方法便可以使得知识更加客观化，并且最大限度地减小错误的概率。这并不意味着此种方法可以同样适用于所有的学科。在自然科学中，研究方法通常由一种对于事实的实证观察所构成，即便这种方法并不能保证发现“客观的”知识。诸如伽达默尔（Gadamer 1960［1981］）、哈贝马斯（Habermas 1968［1987］）和麦金太尔（MacIntyre 1981）等学者对此提出了著名的批判：一门学术科目永远不可能提供一种客观真理，它充其量只是一种实践：一套被某些学术共同体公认为有效的论证形式（Rubin 1988，1841）。尽管方法提供了获得某种（通常是可重复的）结果的固定规则，然而实践却是建立在判断的基础之上的，有时候甚至建立在直觉的基础之上。法律学科几乎一直都被视作如此这般的一种实践，这也就解释了为何在学术研究中对于使用明确的研究方法重视相对不足的原因。正如鲁宾（Rubin 1988，1859）所说的那样，法学乃是一种“建立在判断的基础之上，而非建立在以客观确定的规则为根据的方法论基础之上的实践”。对此，亦可参见下文节码 54。

最后的一个条件是，学术科目的目标在于一般化（generalization）。尽管不同领域之间存在差异——就此比较著名的乃是李凯尔特（Rickert）对一般化科学（例如物理学）和个别化学科（例如历史学）所做的区分——但是没有一个领域能够将其自身单纯限制在对于此时和此地的描述：事实总是必须被放置在国家边界和语言都不具有决定性意义的一个更加广阔的语境之中。

有时，在上述三项条件的基础上还会增加第四项条件：结果必须具有可复制性。这就意味着，通过使用相同的研究方法将必然获得一个相似的结果。然而，这并不是所有学科皆要求的一项绝对条件。

即便在自然科学中，关于可复制的结果的要求已然不及过去那般重要。在许多领域，例如量子力学和混沌理论，结果往往是不可预测的，并且一般认为即便在一些“硬”领域中，知识亦是修辞策略在其中扮演重要角色的一种话语的结果。就此，可参见 Latour（1987）。在自然科学之外，关于结果可复制的要求从来没有那么重要过。在 1959 年的著名讲演《两种文化》（*The Two Cultures*）1959［1993］中，查尔斯·帕希·斯诺（Charles Percy Snow）便已经指出不同学科之间所存在的一些重要差异，并且认为人们不应试图将对于一门学科的要求移植到另一门学科之上。

22.（描述性）法学的构成条件

毋庸置疑，法学能够满足上文所探讨的三个条件。这些条件如何满足取决于所涉及的法学类型：描述性方法、实证性方法和理论性方法都将会作出它们自身对于三项普世的学术性条件的解读。似乎符合逻辑的是，实证性方法和理论性方法都来自它们所起源的学科。尽管如此，描述性法学也能够满足被视为一门学术科目所需要的条件。

毫无疑问，描述性法学可以满足系统化和一般化的要求。现行法律主要借助于对（通常是）立法和判例法的系统化来加以描述的。这种系统化之目的就在于将立法和判例法中带有更普遍重要性的部分与较不重要的细节区分开来。

这种类型的系统化不仅在私法中是理所当然的事情，而且在其他领域中也是如此（参见上文节码7）。例如，贝德林斯基（Bydlinski 2003）和威尔伯格（Wilburg 1950）为我们提供了关于系统化的一个方法论基础（亦可参见下文节码55）。尽管如此，在对本土知识的一般化和系统化的强调上，法律学科不同于其他学科：拟被系统化的信息通常是囿于国家边境之内的信息。就此而言，人们想要描述内国法便是情理之中的事了。一旦人们的抱负更进一步，那么这种限制便不再具有正当性了（例如在规范性法学中确定何为良法就是此种情形）。就此，可参见下文节码25和节码48。

同时，描述性法学也能够满足此项条件：知识的获取要通过一种学术界公认为有效的方式进行。鲁宾恰如其分地将法律学科称为“其话语主要由学者为规劝公共决策者采取特定的行动而向公共决策者提出的建议所构成的一种实践”。这种将法律学科作为一个整体的一般化描述，并不会排除描述性法学拥有其自己方法的可能性。

参见 Rubin（1988，1881）和下文节码 54。法律描述通常采用普遍获得承认的方法来进行。在教义式的研究方法中，这就是前文所述的实证—演绎方法（节码 8）。在节码 12 - 15 所描述的可选择的方法之情形下，法学理想化地借鉴了社会学、经济学或者历史学来获取它自己的方法。

就结果应具有可复制性而言，基于种种原因该项条件通常并非法律领域中的一个争点。其中最重要的原因是，在法学研究中，研究人员的价值判断往往对结果具有决定性的意义。换言之，鉴于法律具有的不可确定的本质，因而它不具备自然科学那样的客观性。

鲍德温和戴维斯（Baldwin & Davis 2003，891）正确地强调指出：“对于所有人都明白的在某种程度上具有主观性的‘研究结果’进行重新检验，人们几乎毫无热情可言”。就其对于法学“创新”和法学知识积累程度之意义的讨论，可参见下文节码 55 以及以下部分。

第三节　规范性法学：探寻法律人

23. 法律的视角

在第一章中区分了各种不同的法学研究方法。如前文所述，法学的核心乃是由关于法律应当是什么的规范性问题所构成。毫无疑问，前文所区分的描述性法律方法、实证性法律方法和理论性法律方法都是一些重要的视角——而且后两种法律方法近来业已适当地获得了诸多关注——尽管如此，这不应该使我们远离法律学科的核心问题和它与其他学科之间存在怎样的差异。

在我看来，法学的终极问题就是法律应当是什么：法学乃是反映个人、企业、国家和其他组织应当做或者应当不做什么的一门学科。尽管人们所能提出的有关法律的其他三个问题采用了一种其他学科（例如自然科学、社会科学和哲学）也会使用的方法，然而对于这个问题的答案之探寻却是法律学科所特有的。例如，是否应当允许剥夺儿童的遗产继承权？是否应当对刑事罪犯判处死刑？在何种情形下发动战争是正当的？是否应当允许违宪审查？非公共领域中的歧视是否合法？在（若不如此）他们自己可能也会被活活饿死的情形下，遭逢海难的船员们能否吃掉他们最虚弱的同伴？对于这些问题和类似问题给予回应的，在很大程度上便是此种法学研究方法。

> 鉴于对这个问题的关注，法学并不依赖于现实世界。正如科利尔（Collier 1991，271）正确地指出的那样：“法学研究的真正领域与专长……乃是观念中的世界”。它并非是对人类行为的描述（正如自然科学和社会科学那样）、演绎（正如文学研究那样）或者解释（正如经济学那样），而是关注在法律中应当怎样的规范性问题。鲁宾（Rubin 1988，

1847）所讨论的“规范性的表达”（prescriptive voice）和迈克尔·桑德尔（Michael Sandel 2009）论述公正一书的副标题——“该如何做是好？”——也可以说明这个问题；对此，亦可参见 Von Wright（1971）。这般强调还是值得的，如此便可以避免产生误解——描述、演绎和解释当然是法学的一部分，然而在我看来，它们却不是其规范性核心问题的一部分。

值得注意的是，法律学科的这个核心问题很少能够被明确化。在所有学术科目中，都存在每个研究者皆能够脱口而出的一个或两个的核心问题。在物理学中，核心问题在于如何理解物理现实，而在生物学中，核心问题则在于生物体如何运作、成长和发展。同时，经济学家们也会持久地注意到这样的事实：（正如诺贝尔奖获得者加里·贝克尔所写的那样）存在诸如“观察生活的经济学方式”那样的视角以及此等视角所具有的潜能与局限。法学家们对于他们所处的领域通常缺乏像这样的一种明确的目标。而这就使得对规范性法学的重新评价成为必要。经济学家们主要研究的是经济人（*Homo economicus*）的行为（试图从经济学的角度来解释人类的行为），而法学家们则尝试着去回答一个在先的问题：一个人是法律人（*Homo juridicus*）意味着什么，并且他由此应当做什么？正如在经济学中的那样，这与这个人实际上做什么并不存在任何关联。

贝克尔（Becker 1992）指出：经济学家研究的是经济人的行为，因此假定个人和组织的行为都是理性的。对此，亦可参见 Heyne（2002，4）。在法律中，这样的前提是，行为人应当按照法律要求的方式行为。甚至杰里米·边沁（Jeremy Bentham 1789［1970］）也明确区分了描述性法学与规范性法学，但并未详尽论述规范性的活动归根结底究

> 竟是什么的问题。“法律人”这个术语以往在不同的语境中曾被叙皮奥（Supiot 2005）使用过。哈格（Hage 2011）对于一门规范性法学是否可能的问题进行了探讨。

24. 摆脱规范性的迷雾

或许，对于何为法学研究之核心问题关注的缺乏，可以用这一现象来进行解释：在传统的法学研究中，对现行法律的描述性与规范性（有时候是实证性）维度之间经常难以明确区分开来。法学研究通常以描述立法或司法判决为导向，伴之以对立法机关或法院决定正确与否的探讨。对成文立法或司法判决的特定解释方式往往会掩盖其中的规范性要素。这在法律实践中是正当合理的工作方式：它给人以法律处于循序渐进且连续不断之发展当中的印象。然而，这并不意味着在逻辑分析上不应对两种活动加以区分：从一种学术角度来看，基于“合理”解释所得出的法律判断并不足够。任何规范性的选择都不应该停留在迷雾之中，而应该被正确地阐明。

> 法律从业者所感兴趣的问题类型通常是，（往往）导源于国家立法和判例法（存在于此时此地）的实在法究竟是什么。或许是因为这种实在法并不完全明确，所以才产生了“法律”应当如何阐述的问题。由此，这个问题的解答往往是在现行法律体系的基础之上通过对现行（国家）法律渊源加以解释的方式而获得的。对此，亦可参见 Fletcher（1981，987）。法官和法律从业者采取此种方式来解决某一问题并不存在什么不妥之处，但是如果法律学者也这么做，他们就使用了目前正面临很大压力的法律的内部方法。对此，鲁宾（Rubin 1988，1881）正确地评论道：“不言难事、不释冲突，

制造出一种规范性迷雾让缺乏融贯性之锚的意义在其中四处漂流，这些手段通常可以更好地服务于证成过程。”

25. 需要一种外部的规范性视角

强调法律乃是关注“应然”命题因而处理的是一些规范性问题这一事实，看上去并非一件非常具有开拓性的事情。尽管如此，诚如前文所提到的那样（节码 10），法律学者往往采取一种内部视角：他们与其研究对象使用相同的语言和概念，并且经常与法律实践保持紧密联系。我们现在可以更好地理解为什么是这样的情况。法律应当是什么，这一问题同样也是法律实践所要处理的一个问题。法律学科的规定性本质造就了这一情况：法律学者要向那些包括立法机关、法院、行政机关在内的决定法律是什么的机构提供建议；为此，他们使用的术语要与这些机构在作出指令之时所用的法律术语相同。

这并不意味着此种内部视角是规范性法律研究方法中唯一可被采用的视角。恰恰相反，一旦对实在法（在某一地点和时间所作出的关于法律的权威性表述之整体）与法律应当如何阐述作出区分，此种内部视角就必然会被抛弃。现在所要面临的挑战就是要发展这样的一种外部的规范性视角。如今，法学通常或者以实在法为导向，或者以非规范性维度为导向（正如在实证性方法中那样），所以法学的盲点似乎就是应当怎样的问题。

这种方法本身迥异于此等观点：“应然”主要是由主管机构（尤其是国家的立法机关和法院）或者由以经验为主的工作所决定的。目前的问题不在于立法机关或者法院说了什么，是否实现了惩罚的目的，或者判决给付损害赔偿金是否能够抑制一方当事人将来的不当行为。尽管这些无疑都是一些重要的问题，然而它们如何获得解决对于法律应当如何阐述并不能发挥决定性的作用。对此，亦可参见下文节码35。

存在充分的理由去深入发展这种外部的规范性视角。之所以如此的一个原因，正如前文提及的那样（节码2），就是对于传统法学研究方法的批判可能会导致形成这样的一种局面：可以说只有实证性研究或者理论性研究才能够满足最高的质量标准。这就要求对规范性研究方法进行重新定位，以便更好地满足一门学术科目所应达到的条件。

这是因为对于法学研究的传统（规范性）研究方法的批判是有一定道理的：只要它仅以国家的立法机关和法院的产物为导向，那么它就不会满足于一般化的要求（上文节码22）。尽管如此，这并不意味着应当基于这个原因——如理查德·波斯纳（Posner 1990，69）所言："法学研究所缺失的是，精辟且严密的理论、可证伪的而非伪造的有违直觉的假说……精准的检测、准确的用词、实证性研究和规范性研究之间的明确区分、数据的量化、可靠且可控的实验、严格的统计推论、有益的技术副产品、引发显著结果的强烈干预，总而言之，将前述大部分要点归纳起来就是，客观上可检验并可持续接受重新检验的假说"——而禁止使用全部的规范性研究方法。

法律越发的欧洲化乃是需要一种外部的规范性视角的另一个原因。如今的法律规范不仅产生于国家的立法机关和法院，而且也来源于其他的渊源。这就导致了需要对法律与国家之间的传统关系进行重新的审视：法律主要是由具备民主正当性的国家机构所创制的观念必须转变成一种能更好地反映当今现实的观念。这就意味着，法学必须探寻一种能够决定法律应当是什么的研究方法，而不用依靠于官方机构或者经验导向型“工作”的权威。

> 在过去的两百年间，关于法律的普遍观念是，法律是由民主的国家机关所“创制”的。欧洲法往往只被视为一种接近于国家法的现象，并且大多数的努力都旨在将从国家获得正当性的观念作为非国家法的基础。在我看来，这种观念在一个日趋全球化的世界中已经不再能够妥恰地因应复杂的法律现实。仅在过去几十年中，欧洲立法者和国际立法者不但业已创制出大量的规范，而且私人规制也已经相当普遍。所有这些不同的规则显著地影响了个人和组织的行为，而无须以某个民族－国家作为基础。
>
> 有关这种“全球性的规范生产”（global norm-production）的例子不胜枚举（Teubner 1997，157）。除了诸如国际货币基金组织和世界银行这样的机构外，世界贸易组织的活动尤其能够对私人主体的行为——更具体地说，对有关自由贸易、税收、知识产权和人身保护的问题——产生重要影响。另外，各种类型的自愿法（voluntary law），例如公司之间采用的规范（最重要的例子就是有关公司的社会责任或环境责任的行为规范）、标准化机构的技术标准（比如《国际食品法典》）和其他类型的自我规范（self-regulation）也对私人主体的行为产生了影响。更为晚近的法律来源是一些示范性规则，例如《欧洲合同法原则》（PECL）和下文节码 41 将会提到的欧洲私法《共同参考框架草案》（DCFR）。它们主要被视为（国家的和欧洲的）立法机关和法院创制法律的一种灵感来源。
>
> 这些规范很多都来自于“民族－国家治理之外的地方”（De Burca 2008，104），它们并不会被认为与传统的法律

观念绑定在一起，因为它们并不符合由相关的权力机关颁布并依靠强制力保障实施的形式标准。尽管如此，它们确实经常为特定的群体设定规范，并且由此在预测他们的行为上显得十分重要：在这个意义上，它们作为一种私法渊源经常要比具有正式约束力的规则更加重要。

从这个部分中我们可以得出这样的结论：在十七世纪和十八世纪，法律的正当性是从法律的本质中寻求的，在十九世纪和二十世纪则是建立在民族－国家内部民主的政策决定过程的基础之上的，依此看来，为法律在二十一世纪找寻一种新的正当性来源正恰逢其时（参见上文节码 17）。关于私法与国家之间关系的精彩概述，亦可参见 Smits（2009a）、Michaels & Jansen（2006）和 Jansen & Michaels（2007）。正如我业已指出的那样，本书将主要侧重于探讨这种发展所产生的一种结果——这种新的正当性来源将如何影响法学研究。为此，本章的第四部分（节码 27 － 28）将力求找到一种其有效性并不依赖官方机构所产出之法律的理论基础。

26. 其他的规范性学科

应当指出的是，提出规范性问题并非法律学科的专利。伦理学（为“美好生活”提供指引的学科）乃是另外一个提出“应然”命题的学科领域。然而，伦理学并不关注法律规范，而是关注一种具有道德属性的规范（在该规范中，制裁不是由国家施加的，而是由个人自己的良心强加的）。这些道德规范通常被表述为一种具有一般性质的命令：例如“勿撒谎”“要行善”“信守诺言”等。尽管如此——正如在法律中也是如此——这些原则的价值何在只能依据实际情况而定。伦理学也在规范伦理学（“该如何做是道德正确的？”）与元伦理学（其中对这种规范性争论进行了分析，并且解决了“何为伦理学之起源”的问题）之间进行了区分。最不具有约束力的规范是社会惯例：在陪同他人时不能发短信、只允许运动员在公共场所吐痰等。

塔玛纳哈（Tamanaha 2006，63）指出：在法律中也是如此，往往只有在一种具体的情境中才能清楚如何适用道德规范。对此，亦可参见下文节码 33。关于法律与道德的比较，就如兼从法律与道德的角度去考察问题的研究那样罕见。法学家关心的是妙趣横生地介绍伦理学如何处理苏格兰作家、法学家亚历山大·麦考尔·史密斯（Alexander McCall Smith）在其伊莎贝尔·达尔豪斯系列丛书（Isabel Dalhousie series）中所谈到的诸多难题。尽管有些人可能会质疑，不依靠国家强制施行的规范能否得到遵守，但是这些规范作为“社会规范”在法律上却是有意义的（Posner 2000）。

法学与伦理学并非唯一的规范性学科。经济学也被视为是这样的学科，因为它的目标在于探讨社会中的福利如何实现最佳分配以及在特定情况下该做什么事情。然而，在过去的几十年中，这种——尤其是由罗森伯格（Rosenberg 1992）提出的——研究方法已经让位于一种（常常借助数学模型的方式）仅仅解释经济现象的更为实证性的视角。就此，可参见 Backhouse（1997，108）和下文节码 57。经济学中的规范性视角在这一点上与法学有着相似之处：虽然没有一个正确的答案，但人们总是可以对应当是什么进行争论。这就使得希拉·道（Sheila Dow 2002，3）提出了这样的疑问：“意见分歧是否是一门不成熟科学的标志；在既定的时间内，我们是否能够给出相同的答案？或者经济学是否具有某些特别之处，以至于不可能产生这种结果？”正如在第三章中将会变得清晰那样，对于法学而言，后者才是唯一正确的回答。

第四节　作为自发秩序的法律

27. 理论背景

一种研究方法着眼于法律应当是什么，而并非让自身依赖于权力机关（尤其是国家的立法机构和法院）或者经验导向型的工作，需要提供较之至今业已提供的解释更多的解释。这种关注如何确定法律应当是什么的解释，将在第三章中予以探讨。在本章的剩余部分中，我将会对此等理论框架进行考察：在该框架中，私法的发展被视为一个导致大量自发秩序(与官方机构创制的法律秩序相对)产生的进化过程。

这种将法律视为一种进化过程之产物的观念本身并不是一件新鲜之事：冯·萨维尼（Von Savigny 1831）与亨利·梅因（Maine 1861）乃是这种观念的最著名的支持者。然而，值得一提的是，这种观念在二十世纪已经消失并且已经大体被一些将法律视为有权机关的一种创造（简单地说便是法律实证主义）或者某些超验本质或文化的组成部分（简单地说便是自然法）的法律理论取而代之。尤其是在私法领域中，一项规则的有效性往往取决于立法机关或者法院的选择。这种将法律视作一套在内外因素共同影响之下自发生长起来的规则之观念，作为一种合理的视角基本上已经消失。这是一种遗憾。因为进化论的视角有时会非常适合用来描述法律；此外，运用这些视角可以促使重新建立起法律与其他学科之间联系的纽带。更多的细节，可参见 Smits（2002b）和 Zumbansen & Calliess（2011）。丹尼尔·丹尼特（Daniel Dennett 1995，21）将达尔文的进化论称为“有史以来唯一最好的理论”是有道理的，威尔逊甚至声称，不论所涉及的学科为何，进化论是结构性变迁的唯一解释（Wilson 1998）。

应当强调指出的是，一种进化论的解释并非是填补对实在法的关注与对非规范性研究方法的关注两者之间差距的唯一可能之方法。其他的观念也是可行的，倘若它们为其他的并不契合实证主义研究方法的法律渊源预留了空间。从凯尔森的“基本规范”或者哈特的“承认规则”的角度来考察法律便不能满足这一要求：欧洲规范和私人规制的兴起导致使用这些标准来判定法律是什么和法律不是什么变得日趋困难。对此，亦可参见 Hesselink（2009，42）和 Calliess & Zumbansen（2010）。

尽管存在诸多进化论思想的变种，但是查尔斯·达尔文在《物种起源》（1859）中提出的进化论的核心思想却已然足够清晰。生物体的改变正是通过自然选择而发生。一个物种的个体成员将它们的生活安排得井井有条，目的是繁衍出适应能力最强的后代，在此过程中，它们必然使得自己适应不断变化的环境。那些适应能力最强的物种最终将会生存下来，而那些无法使自己适应环境的物种则将会濒临灭绝。

演进是一种自然（自发）选择过程的结果，这一观念早已被运用于生物学以外的许多其他学科，包括科学史（卡尔·波普）、政治理论（哈耶克）、伦理学（社会生物学）、经济学和心理学。凭借丰富的文献资料和众多的讲座教席设置，最后这两个领域已经衍生出进化经济学和进化心理学这两门真正的分支学科。在所有的这些领域中，人性不可更易的思想或有意识的设计（conscious design）之思想已被摒弃，转而支持自然选择的思想。由此，伦理学和经济学中的社会体系和政治体系的自发演进便成为研究的对象。

在达尔文古典的进化论中，这种“生存竞争”只有在

> 满足特定的条件下才会出现。首先，在物种中必须出现变异（否则某些物种就不能比其他物种更好地生存下来）。其次，变异必须涉及适宜性（fitness）的变异（应被理解为具有生存或者繁衍后代的能力，某类物种相较于其他物种更能适应不断变化的环境）。最后，构成物种适宜性的一些特征必须具有遗传性，也就是说，这些特征必须能够经由一代传递给下一代。

法律也可以被视为一个自然选择过程的产物。

> 这就意味着，三个达尔文式的自然选择之条件需要被应用于法律之中。由此，物种中的变异就由不同国家的（有时候是欧洲的）法律规则结合起来以便解决相同的问题。这些规则主要在国家的（社会－经济的和文化的）环境中得以进化。它们涉及了反映不同的社会观念（例如团结的程度、帮助他人的义务程度、社会保障水平等）的法域之间的根本差别。
>
> 第二，这些规则也很可能发生适宜性的变化。欧洲诸国中的许多当代规则都是经历一段漫长的演进过程而得出的结果，其间它们适应了它们所必须在其中运行的环境。按照进化论的观点，曾经存在于这些国家中的其他规则在这种自然选择的过程中已经被淘汰，而且将来环境的任何变化将会——再次——引发现行规则的适应问题。有些规则可能会逐渐消失，而有些规则则会逐渐占据主导地位。对此，在法律史学中，彰显此等过程的生动例子很多。例如，罗马法中的非常损失规则（*laesio enormis*）和物权法定规则（*numerus clausus*）不得不被废弃，因为它们不再适应中世纪之后的经济环境。有关动物审判的规则由于产生了新的社会视角而被

废除，而只有男人可以投票选举议会的规则由于不断变化的社会环境和政治环境而不得不被修改。

自然选择的第三个条件——组成物种适宜性的特征必须具有遗传性——在法律的语境中则是存在更多疑问的。这是由于继承了它们祖先基因的物种后代并不存在这个简单的事实。规则并不会根据词语的字面意思而产生。但是我们可以考虑与基因进行类比。进化经济学表明，在公司中公认的惯例发挥着与生物体中的基因相同的作用：惯例为公司提供了一种持久存在的稳定认同（stable identity）——就像基因一样——来安排它的行为。在法律中也可以运用相同的类比。规则不仅仅是规则：它们被学者们所研习并被运用于实践之中。在通常情况下，由于遵从法律的确定性和法律的平等性，行为人（对我们而言，为法律参与者）并不会背离这些规则。在这个意义上，规则在实践中的适用就会被一代一代地传递下去。就像生物机体中的基因一样，这些规则在一个不断变化的环境（社会）的影响之下可能会逐渐地发生改变。

诸多有关进化的一般要件被运用于法律中的可能性，使我们得以将法律的变迁视为一个同时取决于自然法则（固有特征）和法律培养（环境）的过程。对此的所有论述，可参见 Smits（2002b）。

28. 由此造就的影响

许多视角皆是从这种将法律视为一种正在自发生成之秩序的观念中推演而来的，其中各种幸存下来的法律则被视作自然选择的产物。

首先，第一个影响是，法律不再被视为有意识设计的产物，而是历经一个漫长的反复适应之过程的结果。这就使得法律不像某些人所认为的那样适合于有意识的政策决定过程。许多规则在法律体系中已经获得了一席之地，因为它们经过时间的考验而留存了下来。正如大卫·弗里德曼（David Friedman）所说的那样："一种法律规则体系不完全是，或者主要不是人类精心设计的产物；在相当大的程度上，它表现为立法者……或法官……所作出的大量的独立决定的非计划性的结果（unplanned outcome）。因此，此等法律体系并不具有为我们所可能发现的最终目标。"

参见 Friedman（2000，4）。这与关于欧洲私法的论争存在直接的关联。就此，可参见 Von Bar & Clive（2009a）。欧盟私法社会正义研究小组（Study Group on Social Justice in European Private Law）（2004）强烈要求在起草欧洲私法工具所包含的诸多条款之前，对欧盟中的社会正义所期望达到的水平加以探讨。该小组认为，由于片面地关注欧盟内部市场的提升，因而就会缺少一种"欧洲"合同法的正义观念，这与内国法的情形不同。这便是应当提出一种"社会正义议程"的原因所在："社会正义议程的关键在于关注市场秩序中的分配效应。合同法规则塑造了现代社会财富和权力的分配格局。……关于合同中一些私法原则的现代重述，需要承认其自身在社会中确立分配正义方面发挥了越来越重要的作用"（Study Group 2004，665）。与此相关联的观点，可参见 Kronman（1980）。

在我看来，这是对一种笃信欧洲是可改变的（makeable）社会之观念的过分强调。就我而言，最好的欧洲规则并不取决于某个能够改变既有权力和财富分配状况——如果这是人们想要去做的事情——的某个万能的立法机关。当然，立法机关有时候必须介入以便照顾弱势方的利益，但这并不意味着就应该破坏合同自由与合同保护之间的整个关系。对我来说，法律主要不是有意识选择的结果，而是自发演进的结果。在以往的著作中，我就援引了哈耶克的观点（Hayek 1973—1979，1988）。相关评论，可参见 Hesselink（2010）。

正如我将在下文展示的那样（节码 35），这就是说将私法视为完全从属于某种政治目的与私法的本质是相违背的：此等观念意味着倘若没有达成政治目的，则私法就是失败的。在我看来，这并非表明可以事前决定私法应该服务于哪一种目的，而充其量表明可以事后对结果进行修正（Weinrib 1995，212）。此外，通过合同法对财富进行重新分配恐怕难以奏效：其最有可能产生的后果是，一方当事人将不再愿意和一方“弱势”的当事人缔结合同，因为此等合同将会面临无效的风险。弗里德（Fried 1981，106）采用以下方式来表达这种观点：“重新分配不是一种随意承担的责任，它是特定地由那些恰好碰到比他们更加贫穷的人来承担。这样的一种观念，也许暖人心房且油然而发，但是这最终将会损害我们规划和享受我们所选择之生活的能力。”

以一种进化论的视角看待私法所产生的第二个影响是，私法并不像有时被主张的那般遵从一种政治化与民主化的政策决定过程。

对于欧洲私法《共同参考框架草案》（DCFR）的研究，已将这个问题摆放在了最为显著的位置之上（Von Bar & Clive 2009a）。对于许多学者而言，欧洲私法的创制主要是一个政治过程：市场与社会正义（或者自治与保护）之间的正确平衡应该采取一种民主的方式加以确立，而不应该（将这个任务）只留给学者们去决定。在起草《共同参考框架草案》之时，仅仅征求法律执业者和利益相关者的意见并不足够：欧洲议会和成员国的立法机关也应该参与进来以避免这份框架草案被打上教授法（Professorenrecht）的烙印。范·泽尔斯特（Van Zelst 2008, 244-245）对此作出了如下阐述："首先，学者们参与起草《共同参考框架草案》缺乏民主正当性。该小组既不能代表所有成员国的人民，也不能代表他们的政治信念。其次，教授们是否应被赋予将社会政治的现实转化为立法的权利是存在疑问的。在一个民主的社会中，这似乎主要是（民主选举的）立法机关的任务……"

这种观点——显然受到了主张所有法律皆为政治活动的批判法学运动之影响（Kennedy 1976）——是令人难以接受的。在我看来，私法不仅仅是借助它来实现工具性目的的另一个政策领域。如果它被视为一种旨在实现某一政治目的的工具，那么它必须只能服从于民主的政策决定（Tamanaha 2006）。这与我们对私法的理解是一致的：私法通常被认为独立于国家并且具有其自身的"理性"（Weinrib 1995）。私法经历了漫长的岁月而逐渐发展起来，彰显了这些规则在其中演进的共同体所追求的规范。这并不意味着私法是"不偏不倚的"或者将不会充斥着公民、立法机关和法院的选择，而是意味着相较于在许多其他领域，民主的政策决定在其中并非那么重要。相关的许多细节，可参见 Smits（2009a）。扬森（Jansen 2010）从一种历史学的角度来论述所谓的"非立法形式的法典编纂"（non-legislative codifications）（包括《国法大全》）是如何经常从其被简单地运用于实践这一事实而取得它们的正当性的。

私法可被视为一种自发（自我发展的）秩序的这种观念还产生了第三个影响：也就是说，这种自发秩序使得我们获取了我们的法律观应当是什么的知识。根据主流的（实证主义式的）法律观点，法律规则在任何时候都可以根据适格的立法机关所作出的决定而被修改。尽管如此，这种观点却并不那么适合一种主要目的是便利于当事人的私法，毕竟对于当事人而言，存在某个规则这个简单的事实要比这个规则的实际内容更加重要。

> 根据一种达尔文式的法律观念，社会并不受来自外部所强加的规范所调整，取而代之的是，所有法律皆为一个永恒发展中的暂时性的最终结果。因此，法律是一种过去成长起来（并且仍旧处于成长中）的有机体。霍姆斯（Holmes 1881［2004］）也把法律视为一种经由历史演进而来的共同经验。就此，可参见 MacIntyre（1981，121ff.）和 Jansen（2005，759）。

将法律视为一个进化的体系所产生的最后一个影响是，它有助于解释法律如何依赖于其自身的内部结构，而该结构被目前不可逆转的过去的变革（past transformations）所塑造。有机体所具有的这种特质，现在往往被视为一种对于变革的约束。法律在过去已采取过的路径由此影响着其将来的发展。法律以这种“路径依赖”的观点作为基础而产生的问题在于，这种进化过程的结果经常不会产生最佳的可行的解决办法。在经济学中，这种结果可能不是最有效率的安排，而在法学中则可能不是“最好”的规则。因此，关于债务来源的其他分类当然也是有可能存在的，然而对于盖尤斯（Gaius）及其各个时代的承继者们所提出的诸多区分的长期使用却早已设定了这个议程。

> 一项古老的规则是否会让位给一项新的规则，这个问题取决于法律行为者准备偏离现有实践的程度——也就是取决于诸如法律的确定性、法律的公平性和法律的效率等最大化原则的权衡。较之拟改变的环境所需要的，如果这种变革所付出的成本过高，那么任何的变革将不可能产生。换言之，

对于法律变革所施加的外部压力需要如此之强大，以至于能够超出法律变革所要付出的成本。尽管如此，即便在这样的情况下，最佳的解决方案也并非总是能够得以形成。弗朗西斯·培根曾在《新工具论》（*The New Organon*）（1620［1960，89］）一书中写道："在说明某种改变的问题上，即使是好的改变，也是不可信赖的，因为它并未解决业已存在的问题；这些问题的解决依靠的是权力、同意、名望和主张，而不是论证。"

关于盖尤斯以及贯穿整个历史对他所做的最基本划分（*summa divisio*）的使用，可参见 Watson（1994）。债务可来源于合同、侵权行为或者其他方式（随后的分类均建立在此种区分的基础之上），此等区分方式仍然决定着我们的思维模式。将这种区分更换成一种能够更加公正地对待事实的体系（例如阿蒂亚所提出的基于利益与信赖重新书写债法的建议）的努力几乎没有获得成功。只能缓慢地偏离于业已确认的观念，早已内化于法律之中。正如戈登（Gordon 2007，366）所说的那样："遵循现有实践更有可能获得必要的认可。"对此，戈登（2007，372）引用了斯塔尔（Stair）的《苏格兰法学阶梯》（*Institutions of the Law of Scotland*）（I.1.15）一书的原话："国家会更乐意于它们的法律已经载入传统习惯，并从它们对特定案例的辩论中获取法律……但是在制定法层面，立法者必须同时平衡便利与非便利，在这一点上他可能难以达到（这种平衡）。"弗兰肯（Vranken 2006，16）对这种与过去绑定在一起的观念进行了批判，他认为这在本质上是迫使法律行为者只能使用"泥巴做的脚"（with feet of clay）去跳跃。当然，这并不会妨碍法律学者本身尽可能地去创新（参见下文节码 50）。

这些影响的程度事实上是由所讨论的领域所决定的。较之于行政法或者税法领域，它们在私法中的影响程度将会更加显著。新的法律领域经常会出现以实现特定的政策目标，这就意味着一个充分发展的规范性框架是不存在的。因此，对规则能够实现这种目标的程度进行检测要比对它如何适应法律体系来得更有意义。换言之，如果法律体系是较为先进的（有其自身的“理性”），那么它可以更加充分地发挥一个客观的、独立的整体的作用。这大概也是私法学科经常被视为最适合学习“如何像一名法律人那样思考”之领域的原因所在。

正如将在第三章中明确指出的那样，法律往往需要向相互矛盾的“目标”妥协。尽管在医学中这种目标是明确的（保证人民的健康），但法律所要实现的目标却并不那么明确，而这意味着辩论不可避免是规范性的：人们总是可以争辩一个人依照法律应该做或者不应该做什么。如此一来，保留的规范性权威（normative authority）就是使得一项法律规则或者一份判决如何适应“这套体系”：彼此抵牾的利益（例如，威慑与保护）已经获得了平衡。就此，可参见 Weinrib（1995）和 Friedman（2000，4）。

法律越是被视为一种实现某种目的的工具，则它被视为一种自发秩序的产物就越没有用处。众所周知，冯·耶林（Von Jhering）是率先将法律的目的——与历史法学派相反——视为实现某种目的的学者之一（《作为实现目的之手段的法律》［1877］）。从那以后，法律便不再被视为一种能够反映永恒不变之原则的独立且融贯的体系。十八世纪和十九世纪的非工具主义的法律观点在二十世纪转变成一种更加工具主义的观念。目前对于法律进行经济分析和实证分析的强调——以及产生的不再将规范性研究方法视为有用的这种威胁——使得这种工具主义观点达到了顶峰。许多具体的细节，可参见 Tamanaha（2006）。

29. 接下来要讨论什么？在法律上应当做什么？

在本章中，关于法律应当如何阐述的问题，已经被提升到法学核心问题的位置。接下来便是要解答此等法学的核心问题如何被确定下来的问题。换言之，如果我们不可能诉诸具有民主正当性的权力机关，那么应该采用何种方法来确定人们在法律上应当做什么？就此问题，我将在下一章中进行探讨。

第三章　规范性法学的研究方法

第一节　法学作为处理彼此冲突之论据的学科

30. 导言

人们如何确定某个人在法律上应当做什么？显然，根据上述所支持的法学观念，这个问题单纯地依靠立法机关和法院的权威是无法获得解答的。既然如此，哪些因素与解答这个问题相关联呢？本章将会论证规范性研究方法的核心问题在于，并不存在一个关于在法律上应当做什么的结论。假如法律为一个社会提供了规则，并且就如何规制这个社会存有不同的观点——必定会出现如此情况——则关于在法律上应当做什么也一定存有不同的观点。有鉴于此，学术性的法学方法（academic-legal method）必须体现出此种重要的视角。这就意味着法学并非关注物理现实，而是理念世界。它是一门对所发现和充分考虑的法学问题的各种可能之解决方案予以支持和反对的学科。这就使得法学成为一门颇具论辩性的学科。

除了参见上文节码23所提到的Collier（1991）和Singer（2009）的作品外，亦可参见鲁宾（Rubin 1988，1893）关于法律学者活动的论述：“规范之间的冲突乃是规范性学术研究的本质所在……标准的法学研究的整个核

> 心点在于探究和对比彼此冲突的规范性立场的语用意涵（pragmatic implications）。”

此种法学研究方法所具有的明显优势在于，法律学科和其他学术领域——在其中所谓不证自明的知识必然始终会重新引发争论——的联系会更加紧密。纵然对于一项法律规则的适当性（appropriateness）达成了共识，它也必然经由分析支持和反对它的论据而被继续地加以探讨。作为一门学术科目的法学，如果在法律应当如何阐述这一问题上达成普遍的共识而致使人们终止了辩论，那么它在很久之前便可能已经消失了。

> 英国散文作家马修·阿诺德（Matthew Arnold）的表述似乎恰如其分（Collier 1991, 152）：“我所谓的‘以思想为生’是指，当你对某问题的一面主张有长久而真挚的支持的时候，当你倾注了所有感情的时候，当你的周围只能听见一种语言的时候，当你的同伴像蒸汽机般机械地讲述这种语言且无力想象其他语言的时候——你仍然能够思考，仍然能够被你的思绪不可抗拒地带到该问题的另一面……”

人们可以对违宪审查或积极差别待遇（positive discrimination）的可欲性，甚或对死刑的可容许性进行辩论，这个纯粹的事实并没有使得法学成为一门具有较少学术特性的学科。这是因为法学的任务并不包括发现“那个”正确规则或者某个案件的正确结果，而是要找出与支持和反对此等规则和结果相关联的论据。正如执业律师的主要活动可能在于排除所有的不确定因素那般，法律学者的任务就在于对所有看似特定的结果提出质疑。

> 很久之前，胡果·格劳秀斯（Hugo Grotius）在《战争

与和平法》（*De Jure Belli ac Pacis*）（Ⅱ，23，1）一书中就曾提出，关于法律应当如何阐述的问题乃是法学的核心问题："在我们应当做什么和不应当做什么之间，存在一个中间点，但它有时候会较为接近一端，而有时候会更加接近于另一端。"此外，在1511年出版的《愚人颂》（*In Praise of Folly*）一书中，伊拉斯谟（Erasmus）极好地将法学视为所有学科中最具有学术性的学科，因为伴随着每一种不同的主题，"评注就会堆积起来，进而不同的论据也会接踵而至"。

31. 本章的结构

本章将对法学是具有彼此冲突之论据的学科这一观念进行详尽说明。这个部分的剩余内容（节码32－37）将会处理在法学中为何始终可以对可欲的结果加以讨论的问题，并且重点关注试图排除不确定性的非法学方法为何注定是要失败的。关于规范性的共识往往很难达成，因此我们不应对此做没完没了的纠缠。本章的第二部分（节码38－46）将会专注于探讨有关法学作用的不同观点，并且最终提出一种较为适宜采行的观点。

32. 寻求魔法之石

在何为正确的规则或何为案件的正确结果上，法学一直倾向于排除此类问题的不确定性。鉴于此种倾向，法律学者往往会遵循执业律师们的话语策略——只对使得他的判断看起来好像是唯一正确的判断非常感兴趣，从而避免（卷入）对事实是否真是如此的所有规范性的辩论。这就导致了法学的目的往往旨在找出因应此等问题——何为正确的行动方针——的唯一可能的答案。尽管如此，对于这种观念，也即对应当做什么只存在一种可能的见解，产生质疑是情有可原的。对此，我将会根据法律人为作出判断所经常使用的研究方法加以探讨：教义式的方法（节码 33）、经济学的方法（节码 34）和实证性方法（节码 35）。另外，鉴于基本权利经常被视作可为正确结果提供确定性的支撑（节码 36），因而也需要对它们给予关注。

就下述内容而言，我的创意和诸多论点皆来自约瑟夫·威廉·辛格（Joseph William Singer 2009）和爱德华·鲁宾（Edward L. Rubin 1988）的研究。法学通常被期望能通过一种客观的、合理的方式来裁决纠纷。然而——正如辛格（Singer 2009，903）所明确指出的那样：关于“为何”某项规则已被接受或者某个结果已被实现的问题，经常并非以一种令人满意的方式获得解决。为何人们被允许采用其所希望的方式使用财产，以及为何双方当事人皆要受到他们所缔结合同的约束？法律人（lawyers）并不满足于单纯地援引立法机关或者法院的权威，而且意识到他们的个人意见并不足够的法律人，往往会在诸如法律的经济分析这样的方法中寻求帮助。尽管如此，法律人应当能够论证为何这两项（以及其他的）原则的法理基础具有正当性：这就是上文所谈到的实在法与一种非法律研究方法之间存在的差别（参见上文节码 25）。

33. 应当做什么？教义式的研究方法

对于在法律上应当做什么而言，可不可以说只需要考虑法律教义？法科学生一般通过学习教科书上的法律学说来掌握法律，而法律执业者则使用这些相同的教科书来理解立法机关、法院或者学者们如何判断他们每天必须处理的法律问题。然而，几乎不需要作出更多说明的是，教义式体系本身永远不能在一件实质性的纠纷中产生一个确定的结果。一名法学家的真正活动是从对在法律上应当做什么的经常相互冲突的诸多见解之中作出一个选择。教义式体系在这方面上发挥了重要的作用，因为它有助于我们深刻了解现行的规则和以往的判例。尽管如此，教义式体系永远不能为如何作出决定提供确定性。

荷兰法学教授赫尔曼·朔尔戴克（Herman Schoordijk 1972，15）很好地理解了法律教义的这种意义。他认为，教义式体系能够迫使法律行为者“将他的绝对不会完全建基于现行法律体系之上的价值判断与先前在特定的实践或理论中的判断协调起来”。众所周知，一个新的案件的判决永远不可能从一项规则或者一个以往的判例中推导出来，因为后者永远不能确定它自己的适用领域（在将来它将会适用的情形）。这就经常导致并不清楚应当适用哪一规则或者究竟是否存在一项事先制定的规则。而且，即便对哪一规则应当予以适用并不存在什么疑问，但对于该项规则却几乎总是可以作出不止一种的解释。就此，亦可参见 Singer（2009，908）。辛格指出，即使对于某种原则能够达成规范性共识（normative consensus），但这种共识仍旧处于如此的一个抽象层面，以至于无法明确应该如何裁决一件纠纷。如果规则在另一方面的确提供了充分的指引，那么其内容将必然具有争议性。

因此，法律活动的核心问题不在于起草或者适用规范，而在于在一个规范性辩论中以一种论证的方法给出一个判断。这种做法能否引起法学教育的足够重视颇值得怀疑，因为大多数的法学教材经常无法提供可选择的论证方法。更确切地说，法学通常被视为只拥有一种可行的解决方案。如果

> 法学教科书能够作为一个开端，摒弃它们只使用于一国的法律而聚焦于范围更广的对象，那么这种相当偏狭的研究方法可能会发生改变。例如，与其将他们的视野限制在德国或者某些其他国家的合同法上，法科学生们倒不如开始把视野放在欧洲合同法上。对此，亦可参见下文节码40与节码62。

这就说明了当法律规则或案件背后的诸多论据最终具有决定性作用之时，教义式的研究方法不会提供任何规范的确定性（normative certainty），因为它无法回答法律应当如何阐述的有关问题（以便考察适用何种规则或者如何裁决一个实质性案件）。

> 长久以来，法学一直试图利用“几何学原理”（*mos geometricus*）建立起一个能够独立于现实而存在的、融贯且自我参照（self-referential）的体系。然而，在适用法律的过程中，这并不会导致确定性的产生（关于法律体系价值的重新定位，参见下文节码45）。

34. 应当做什么？法律经济学的作用

在解决个人和组织在法律上应当做什么这一悬而未决的问题上，既然教义式的研究方法已经被证明不会提供充分的确定性，那么我们可以到何处寻求更多的确定性这一问题便仍旧存在。如今似乎颇受欢迎的研究方法，就是借鉴法律领域之外其他学科的方法。这一点可被用来解释以提供一种更理性之视角作为目标的法律的经济分析兴起之原因。经济学分析方法奉行一种功利主义的观点，主张法律规则的实施会产生最大的社会福利或者收益。采用卡普洛（Kaplow）和夏维尔（Shavell）明确的表述来讲：“法律规则应当完全根据它们对于社会中的个体福祉之影响进行选择。这种观点意味着，许多关于公平的观念，例如矫正正义，在评价法律规则的过程中应当获得排他性的重视。”

参见 Kaplow & Shavell（2002，3）。此外，对于经济学分析方法在不同法律领域中的诸多应用，可参见 Posner（2011）。关于法律经济学领域的不同描述，上文节码 13 已经简略地提及。根据卡普洛和夏维尔的观点，社会总体上的社会福利是由公民的所有个人偏好（individual preference）集合而成的。关于社会福利的诸多不同的定义，此处不作探讨。

初看上去，此种功利主义标准的应用，似乎为排除与社会行为者在法律上应当做什么相关的所有的不确定性提供了所需的指引。考虑到为特定行为提供的激励及其成本与收益，每项规则由此都根据其对个人福利的影响进行评判。如此作为的一个明显的优势是，规则的所有优点和缺陷都回归到社会福利这一共同的指标之上。这就意味着，一种价值（例如正义）无须再与其他价值（例如效率）保持平衡。更为重要的是，通过采用这样一种客观的标准，人们便可以克服作出规范性决定的困难。换言之，关于人们应当做什么的问题由此便借助于一种普遍的、非法律的标准获得了解决：“作为个体的我们最关注的究竟是什么？”

尽管看起来颇具有发展前景，然而经济学分析方法真的能够兑现它的承诺吗？如果答案是肯定的，那么它能否取代规范性的研究方法？就此，存有三个原因可以说明为何这个问题的答案必须是否定的。第一个原因是，人们的偏好和一种（量化的）单一指标实际上不仅很难联系起来，而且由于个人对于附加于特定利率的货币价值的偏好相去甚远，此种联系仍需要一种规范性的选择。

辛格（Singer 2009，920）谈到了这种“在道德上受到约束的功利主义”：我们无法避免规范性的争论。仅次于此种实际困难，存在一种更加重要的反对意见，即许多价值（例如公平原则或合同自由原则）根本不适合被量化或者至少是很难被量化。在终极意义上，纯粹的数据是无法取代论证的。

关于法律的经济分析含义的争论，并不像它可能看起来的那样晚近。早在1850年左右，受诸如丹克沃特（H. Dankwardt）这样的学者之影响，经济学作为（特别是）私法的一种辅助工具便已在德国出现。得益于维克托·马塔亚（Victor Mataja 1888）和弗里德里希·克莱因韦希特（Friedrich Kleinwächter 1883）的工作，这种方法甚至早在十九世纪八十年代便开始流行起来。他们秉持的一般立场是，只要人们正在探讨的是关于法律应当如何阐述的问题，而不是关于法律是什么的问题，那么经济学方法就可能是有用的，但是人们要采用经济学分析方法来取代传统的法学分析方法就应当保持谨慎的态度。

第二个原因是，法律的经济分析只关注人们的偏好，而不首先关注为何会存在这些偏好。因此，它并没有将产生特定结果的重要原因与非重要原因充分地区分开来。在法律中，不但（甚或主要是）结果很重要，而且为何选择此等结果的原因也很重要。就此，不妨引用辛格著作中的一个例子来说明：奴隶制是没有错的，因为那些支持它的人的偏好要强于那些反对它的人的偏好。如果此种观点被人们接受，那么少数人的尊严就可能会服从于多数人的权力。

参见Singer（2009，918）。在法律领域中，仅仅从成本和收益的角度进行辩论将是没有效果的。否则，一方当事人就可以仅仅因为其利益或者福利大于他方当事人或者社群的福利而胜诉。这不可能成为一项令人信服的法学分析的基础。

“效率违约”(efficient breach)理论清楚地表明,对于“应然”的规范性问题而言,经济学分析的价值是相当有限的。根据效率违约理论,缔约一方可以拒绝履行合同并且转而赔偿损失,如果这样做在经济上具有更高效率的话。因此,一方当事人可以决定不履行,如果这样对他更有利而对另一方当事人又没有不利的话(因为后者将会得到期待利益)。效率违约的前提是,双方当事人的履行都能够以货币的形式来表示。然而,辛格(Singer 2009,945)令人信服地证明,事实往往并非如此。如果违反合同的当事人,比如是一个承租人,在为期一年的房屋租赁的租期届满前,由于他在另一座城市已经找到一份工作而想要搬至别处,那么如果出租人允许这个承租人把房屋转租给第三方——即便这是合同所不允许的——则将会是有效率的。这种做法似乎造就了福利总量的增加:出租人仍然可以获得租金,承租人可以接纳那份工作而不需要支付额外的费用,而且他的新雇主也会很高兴,因为他的未来雇员可以如期上班。尽管如此,出租人完全有可能在不允许转租人承租方面具有一种非经济性的利益。可能他比较关心由这个特定的承租人支付租金。也有可能在协议期限内他不想再为寻找一个新的承租人而伤脑筋。也许,出租人的这些利益都无关紧要,但关键在于,人们需要一种法学的方法来解决这个问题。辛格的例子表明,真正的(规范性)问题是这些利益是否是出租人在法律上正当的利益。这是一个经济学分析所无法解决的问题。

法律的经济分析不能取代一种规范性方法的最后一个原因是,它从一开始就假定了一个并未获得普遍认同的前提。它不但假定了更多的社会福利是一件好事，而且也假定每一个个体都可以自由决定他或她自己的偏好。这种自由主义的观点并不会被所有人所认同：许多人会说，这种个体自主（individual autonomy）必须先验地（*a priori*）被放弃一部分，才能达致为社会中的所有人实现某种程度的社会正义这一目标。

> 参见 Singer（2009，916）。除此之外，值得一提的是，经济学也可从其他领域获得其基础而且有时甚至要依赖于法律本身。经济学预先假定存在一个制度框架，比如，财产权在其中可以通过缔结合同的方式被自由地移转：法律既成现状（*status quo*）乃是描述和解释现实的起点，同时也是判断为何应该改变（在规范性的法律经济学的不同领域中）现状的起点。

这些局限并不意味着经济学分析毫无用处。事实上，法律规则经常被精心设计以实现预设的经济目标。即便事实并非如此，了解实施特定的规则或者作出特定司法判决所产生的成本和收益也是颇有裨益的。然而，对于经济学分析在那些特定情况中的有用性和在解决“应然”命题时的有用性之间加以区分，是很重要的。尽管法律的经济分析是解决某些法律问题的一种很有用的工具，然而它最终却不足以解决关于我们应当遵守何种法律的问题。

> 关于经济学知识如何可以为法律判决提供意见的一个例子，涉及了《欧洲联盟运作条约》（TFEU）第 114 条的效力范围。该条规定，欧洲立法者可以采取以内部市场的建立和运作为任务的近似国家规定的举措。然而，这项规定并不具有规制关涉欧盟内部市场任何事物的一般性权限。欧洲

法院（European Court of Justice）明确表示，由于它的目标在于改善内部市场的建立与运作的状况，因而必须真正地拥有建立在第 114 条基础之上的指令或者规章。单纯发现不同国家、规则之间的差异以及对此种市场构成阻碍的抽象性风险，并不足以证明一种协调措施的正当性（CoJEU 5 October 2000，C－376/98［涉及烟草广告］）。这就意味着，为了给一种旨在更好地促成内部市场的新的欧洲措施创造一个法律基础，开展经济学的研究是必要的。关于这可能带来什么的详尽探讨，可参见 Low（2010）。

35. 应当做什么？实证性研究方法

另一种方法是实证性研究的运用，它经常被作为确定法律应当如何阐述的一种有用的工具。特别是在美国，此种方法已经造就一种通常被称为"实用主义思潮"（Pragmatism）的颇具影响力的法律观念。根据理查德·波斯纳的说法，这种研究方法"更具经验性、更切合实际、更加符合人们的真正需要"。

就此，可参见 Posner（1995，19）。荷兰学者毛里茨·巴伦德雷赫特（Maurits Barendrecht）（2003）表达了一种类似的关切，他认为私法可能无法充分反映"人们的利益与真实的偏好"。当然，我们总是可以对何为人们的真正利益展开讨论。

如果将法律视为一种实现一项预设目标的工具，那么实证性研究就不可避免地决定着这种目标是否已然真正实现以及所选择的研究方法是否已经发挥作用。尽管如此，人们不应该过高估计实证性研究的重要意义（亦可参见上文节码 16）。这种方法为什么不可能成为决定性的因素，主要存在三个方面的原因。

第一个原因是，并非所有的法律都具有工具性。根据普遍的观点，法律仍然拥有自己的理性，而且它的成功并不取决于它能否实现一项政治目标或者被充当为一种工具的程度。一种不同的观点可能不是非常的民主，因为法律的主要功能之一就是可为意欲设定所要实现目标的多数人提供一种平衡。而秉持法律服务于一种外部目标的主张，使得法律本身完全取决于多数人的意愿。这将会把法律定性为一门非规范性的学科。

就“法律作为一种达到目的的手段”如何能对法律规则构成威胁的一个说明，参见 Tamanaha（2006）以及 Watson（2006，212 – 213）。尤其是，温里布（Weinrib 1995，6）解释了为什么将法律单纯视为一种工具是错误的：“因为功能主义的目标可以独立地获得证成，而且法律的目的就在于反映它们，法学研究逐渐依赖于非法学的学科（经济学、政治理论和道德哲学）……这些可以证明那些目标是有价值的……法学只提供由非法律思想中得出的推论转化而来的权威的形式。功能主义的主要预设是，仅仅作为法律，法律的内容无法通过它本身获得理解。”功能主义者陷入法律只服务于现实的观点中而无法自拔，然而实际上法律也决定着现实，因为法律中的概念工具（conceptual apparatus）创造了它自己的现实。就此，亦可参见上文节码 9 对于 Feinman（1989，663）的引用。

再次说明，这并非意味着实证性研究毫无用处。与此相反，如果一项规则的目的在于实现特定的目标（保障道路安全、保护弱势当事人或者避免犯罪），那么就存在足够的理由来确定这项规则能够实现其目标的程度。然而，人们不应当使得实证性研究成为衡量法律成功的唯一的决定性标准：在一种规范性研究方法中，经验证据（empirical evidence）并不具有决定性的意义。这让我得出了另外两个反对意见。

首先，实证性研究的结果很少指向同一个方向。即使一个主题已经获得了非常充分的研究，诸如有关死刑的威慑效应（deterrent effect）这样著名的问题，然而针对经验证据实际证明了什么而言，仍旧存在意见分歧。

> 凯斯·桑斯坦（Cass Sunstein）和阿德里安·沃缪勒（Adrian Vermeule）根据新近的经验材料表明，实行死刑可以对潜在的犯罪分子产生重大的威慑效应。在此之后，这场争论获得了新的推动力。在他们看来，每执行一次死刑可以防止18起谋杀案的发生。根据这种“以命换命”（life-life trade-off）的逻辑，就不能继续依循道德立场来反对死刑：禁止实施死刑就相当于提前判处尚未被确定无罪的人死刑。因此，作为道德代理人（moral agent）的政府，必须照顾这些无罪者的利益。许多理由——诸如在判定人们有罪上可能会出现错误以及执行是不可逆转的——都不足以令人信服：“可以预见到，较之于一项缺乏死刑的法律制度，保留死刑的法律制度产生的专横和不可逆转的死亡要少得多。”（Sunstein & Vermeule 2006，731）随后，多诺霍和沃尔弗斯（Donohue & Wolfers 2006）等人对经验材料的可靠性进行了辩论。在“巴泽诉里斯案”中（Baze v. Rees）［553 U.S. 35（2008）］——通过注射方式执行死刑不被视为违宪——美国最高法院广泛地援引了桑斯坦和沃缪勒的论证之后，桑斯坦甚至放弃了他先前称为“强有力的”且“令人印象深刻的”证据。桑斯坦和沃尔弗斯（Sunstein & Wolfers 2008）事后声称：“对所搜集数据的最佳解读，就是它们并没有确立起一种死刑的威

慑效应。”

另一个得到充分研究的主题是，禁止烟草广告是否会引致烟民数量的下降。同样，对于这个问题，并不存在明确的定论。施耐德等人（Schneider et al. 1981）的研究表明，一项广告的禁令不仅可以有助于减少年轻人对于烟草的消费量，而且还可得出成年的吸烟人群不会因此受到太大的影响。其他学者对于此问题的争辩，似乎已然得出了明确的结论，就此可参见 Saffer & Chaloupka（2000）的研究。此外，普通法系较之大陆法系更有利于经济的发展，这一主张将很可能永远存在争议。有关这一议题的最新发展与施莱费尔和格莱泽（Shleifer & Glaeser 2002）所提供的经验材料以及其他人提供的指向不同方向的材料（Faure & Smits 2001）之间存在冲突。

最后一个原因是，尽管实证主义者经常声称他们可以给法律人提供客观的（非规范性的）知识，但是对于他们的主张做一番仔细的考察就会发现事实并非如此。就具体问题是什么和它的解决方案是什么而言，这两个问题都需要一种规范性的评价。最终，甚至实证性研究方法也不可避免地与规范性研究方法纠缠在一起。

显然，从实用主义者经常抱持的观点来看，法律并非主要反映立法机关的意图，同时也不应该被视为一种教义式的体系，而是被用于解决一种“现实的”问题。然而，这并不是法学家的传统职责：社会现实并不是他的研究对象，采用杰弗里·萨缪尔（Geoffrey Samuel 2009，26）的话来表达就是：在法律体系的虚拟现实中，研究对象之价值仅仅来源于它们在该体系中所处的位置。这并不是说法学家无法处理这种解决问题型的任务，而是说人们必须认识到，在这种语境下，一名法学家与一名社会工作者之间的区别就会开始变得模糊起来。依循法律实用主义的方法（“什么在发挥作用？”），对于问题的本质、问题的重要性以及可行的解决方案的不同看法，将会持续地存在。就最后一个方面而言（问题的解决办法），有时候需要在一种程序而非一项实质性规则中寻求所需的魔法之石。这不仅可以在抽象的层面上（正如约翰·罗尔斯的《正义论》（1999）一书那样，试图通过从一种假想的政策决定过程出发来避免观点之间的规范性冲突）寻找，而且通过创造一种解决冲突的“不偏不倚的”程序，也可以在纠纷的具体层面上寻找。这两种情况都存在一个问题：在抽象性层面仍然没有解决在一个纠纷中结果应该是什么样的问题，而在实质性层面上程序的适当性也值得怀疑。辛格（Singer 2009，907）指出：“不可避免的一个事实是，不论我们多么努力地确立不偏不倚的决策程序，我们都要面对围绕何为良善、何为正确和何为正义的基本观念以及何种程序恰能做到不偏不倚而产生的持续不断的不同意见。”

36. 应当做什么？作为基石的基本权利

此处要探讨的确定在法律上应当做什么的最后一种方法，是由所援引的一些基本权利所构成的。通常而言，人们虽然可以质疑“普通”规则或它们具体适用的适当性，但是基本权利可能真的是能够决定人们应当做什么的基石。例如，人们可能认为争论公平原则和言论自由的价值并无必要。然而，此种观点并非全然正确。首先，人们只需要浏览任何一份报纸便可了解围绕言论自由的实际含义存在多少争议。“侮辱”穆斯林究竟意味着什么的这场席卷整个欧洲的舆论浪潮，便是一个典型的例子。其次，纵然对于一种基本权利的具体内容存在共识，这种权利在一件具体纠纷中也几乎总是会与另一种基本权利相互冲突。最后，甚至对某些基本权利的基本承认也尚无定论，尤其当关涉到宗教正统观念之时，更是如此。

辛格（Singer 2009，922）认为：只要基本权利是无可争议的，它们就没有足够好地被界定以裁决特定的案件。辛格的观点可经由在欧洲发生的对于基本权利在私主体之间的案件裁决中可以提供多大之指导的一场辩论所证实。尽管有人会认为它们能够产生一种协调的效果（Mak 2007），然而在实践中这种效果却并不显著。尤其是，人格尊严（human dignity）乃是一种存在疑问的“普世”权利：判例法表明其具体构成要件究竟是什么存在诸多疑问。在一些关涉“不当出生”（wrongful birth）的案件中，当不同国家的法院对此进行裁判时，人格尊严或某些类似的概念经常会被加以援引，然而这只是用来支撑彼此冲突的意见。一些欧洲国家的最高法院已经援用儿童的一般人格权（以及儿童的尊严）来处理在因医疗过失（输精管切除手术失败或者其他避孕手段失灵）导致意外怀孕的案件中父母是否可以向医生主张抚养孩子的损害赔偿问题。尽管如此，这并没有造就一个统一的裁判结果：德国联邦宪法法院（Bundesverfassungsgericht）（BVerfGE96，375 and 88，203）中的不同法官对此意见不一，荷兰最高法院（Hoge Raad）允许可以主张损害赔偿（NJ 1999，145）。在斯坦因大法官（Lord Steyn）审理的“麦克法兰夫妇诉泰赛德健康委员会案”（MacFarlane and Another v. Tayside Health Board）（［1999］4 All ER 963）中，英国上议院（House of Lords）支持了他的观点：“根据分配正义的原则，我相信我们的侵权法并不允许因意外产下一个健康孩子的父母向一所医疗机构或一位医生要求赔偿抚养孩子的费用。”因此，究竟孩子的人格权应当优先还是父母的自主权应当优先，就存在着争论（对父母自主权的强调，亦可参见米勒大法官（Lord Millet）裁判的“达灵顿纪念医院诉里斯案”（Darlington Memorial Hospital v. Rees），［2004］1 AC 309）。

欧洲判例法和国际判例法也都表明了像人格尊严这样的概念是如何有助于形成诸多不同的解释的。在“欧米茄案”（Omega-case）（C-36/02，［2004］ECR I -09609）中，欧洲法院明确拒绝就人格尊严的构成提供一种欧洲式的解读。在著名的“瓦肯汉姆案”（Wackenheim）中，联合国人权委员会得出结论：出于保护身高只有1.14米且其工作就是在迪斯科舞厅里被顾客扔到气垫床上之人的人格尊严的理由（Wackenheim/France，U.N. Doc.CCPR/C/75/D/854/1999），法国当局颁布的对于“投掷矮人”（dwarf tossing）之禁令是被允许的。尽管如此，人们也可以凭此等主张来支持相反的裁判结果：人格尊严并不意味着是对推定的弱势方的保护，而应该承认意欲通过自由选择职业而谋生的缔约一方的自主权。就此，可参见康德的论断（Kant 1785［2002，436］）：“自主性因而就是人格尊严和一切理性本质的基础。”更多的细节，亦可参见Smits（2008a）。

同时，这也意味着从基本权利的角度进行论证乃是一种固有的规范性活动：无可争议的权利并不存在，而且只要它们被普遍公认，那么它们就会变得如此的不确定，以至于在裁决纠纷中它们只能提供相当有限的指导。

对于基本权利的探讨往往发生于相互冲突的权利之间：如果一方当事人援引一项基本权利，另一方当事人往往能够援引另一项基本权利，以此促成平衡双方当事人权利的需要。在德国一个著名的保证人资格案件中（BVerfG 19 October 1993，NJW 1994，36），一位商人的21岁女儿同意担任她父亲对一家银行背负超过100，000德国马克（大约51,000欧元)债务的保证人。“能烦请你就在此处签名吗？你不需要承担任何重大的责任：我需要这份文件”，这样，她根据银行职员的请求，签署了一份预先打印好的表格，充当了她父亲的保证人。该商人的这个女儿没有接受过良好的教育，大多数时候处于失业状态，而且就算她找到了工作（通常在汉堡的一家鱼厂），每月所挣的工资也只有1150马克（大约590欧元）。当她的父亲没有能力偿还他的债务之时，银行转而要求他的女儿承担责任。德国联邦最高法院推断任何成年人都知道签订一份保证合同需要承担特定的风险，由此认为她应受到这份合同的约束。该法院的判决结果是，她不但要支付100，000马克，而且每月还要支付高达708马克的利息。为了可以勉强糊口，她必须每月至少挣1800马克，而这是一份在她的既有人生经历中从未获得过而且在将来也不可能获得的收入。这个案件原本可能就此终结，如果这名商人的女儿没有上诉至德国宪法法院，主张她对于私人自主性享受的基本权利（德国《基本法》第2条）与人格尊严受到了民事法院侵犯的话。为对抗她根据人格尊严提出的前述主张，银行（失败地）援引了另一项基本权利：主张合同自由原则来迫使商人的女儿遵守合同。这就很好地说明了，在私主体之间发生的冲突中，双方当事人经常可以援引一种被认为具有基本性的权利。而对于哪一种权利理应优先考虑的问题，则需要一种规范性的判断。

37. 中间结论：规范不确定的必然性与必要性

从上文的几个部分中，我们可以得出一个清晰的结论：就人们在法律上应当做什么而言，似乎不可能给出一个统一的答案。不仅传统的教义式研究方法无法在抽象层面或裁决具体案件层面给出任何确切的回答，而且以基本权利作为基础的论证以及对于非法学方法的使用也都无法做到这一点。

> 这并不是说这些研究方法都毫无用处（对于上文节码5所区分的其他类型的法学而言，这是毫无疑问的）：反之，它们甚至对于规范性方法具有重大的推动作用。然而，这并非意味着，对于每一个案件而言，我们都需要反思这些视角究竟如何裨益于法律领域。就此，亦可参见 Samuel（2008，314）。

如果这个结论可被接纳，我们便可以找到两种不同的开放性的处理方式。一种处理方式是，继续寻求一种能够结束规范的不确定性的方法。然而，我要提出另一种截然不同的方式。我认为法学研究方法的核心就在于承认不确定性的存在：法学可被归结为关于在法律上应当做什么的争议。这就是说，我们不应该试图消除规范的不确定性，而是应该将它视为法学研究的起点：倘若对规范性不能达成共识，我们就不应该去努力追求。这就意味着，人们可对正确的结果进行辩论，不但是必然的而且也是必要的。与美国《独立宣言》所宣扬的正好相反，现实中并不存在“不证自明”的真理。

> 说得更为直白一点就是，表明此处所检视的所有研究方法皆能产生确切结果的主张，充其量只不过是一种策略。这种观念与长盛不衰的传统相契合。亚里士多德（340 BC

［1934，7］）、格劳秀斯和伊拉斯谟（皆参见上文节码30）都承认道德和法律不能提供像数学那般的确定性，因而作为一门学术科目的法学所具有的这种本性妨碍了共识的达成。就此，辛格指出（Singer 2009，911）：“规范性论证是不可避免的。”鲁宾（Rubin 1988，1853）也提到了法学中“不可化约的规范性”。因此，此等一直存在的辩论的需要便成为法学研究的唯一正确的起点。

既然（规范性的）法学已被界定为一门具有彼此冲突之论据的学科，那么在下一部分中我将会探究此种观念所产生的诸多影响。

第二节　迈向一种实证－规范性研究方法

38. 个人偏好是决定性的吗？

迄今为止的论证可以很容易地被归纳为两个连续的阶段。在第一个阶段中，关于个人和组织在法律上应当做什么的问题被确定为法学的核心问题。与此同时，也阐明了为何这个问题依靠诸如立法机关和法院这类机构的权威无法获得解决。在第二个阶段，之所以对于人们在法律上应当做什么这一问题缺乏统一的结论，原因在于法学乃是一门极富论辩性的学科。现在我们开始进入第三阶段的论证：对于规范性法学的方法论而言，这种观念意味着什么？

首先应当注意的是，在规范性法学中，法律尚未沦为一种（取决于）个人（政治）观念的事物，尽管有人可能会不赞同此种说法。基于这种推定，爱德华·鲁宾与马丁·海塞林克（Martijn Hesselink）都认为事实本来就应如此：个人对于社会中的正确价值抱持不同的看法，学术方法由此也必须具有自身（例如，自由主义者或社会民主主义者）明确的规范性前提。或者换句话说，某种法律观点能否被接纳，取决于个人对于何为理想之社会的看法。

> 参见 Rubin（1988，1893）和 Hesselink（2009，35）。海塞林克认为，每一名法律学者都应该由此在他的网站上或者在出版物中表明他的政治偏好。只有在将这些偏好清楚地披露出来之后，人们才能真正地确定某个人的法律观念是否始终如一。
>
> 人们在法律上应当做什么，在本质上是不确定的。对此种观念的另一种回应就是强调在法律话语中修辞的重要性。由此，法律不在某种客观的标准中而是在使得其他人相信自己论据的正确性中寻找其基础。因此，哈伊姆·佩雷尔曼（Chaïm Perelman）（1980，129）声称，法律推理只不过是“旨在说服和劝服那些听众们相信如此的一种选择、决定或态度要比同时存在的选择、决定和态度更为可取的一种论证方式”。然而，这种观点仍旧存在一个问题：如果不去翻查现行法律，一个论据对于另一方当事人或者法庭或者全体公众而言是否具有说服力的问题，就无法获得解决，毕竟成功的演说者通常必须提供对于法律而言至关重要的实质性理由。在这种情况下，修辞就不得不建立在一个更加坚固的基础之上，而不仅仅依赖于说服的力量。

在我看来，对于人们在法律上应当做什么的这种方法，过分依赖于个人的政治观念。最后的结果将可能是，任何关于何为正确观念的明智辩论终将不再可能。比如说，鼓吹法律应当具有更多社会正义之人可以简单地告诉其他人，他们的观点与他的观点一样只是一种见解，而没有任何说服其他人的必要。这样就有可能终结所有的讨论。

辛格（Singer 2009，902）认为：由此，对于特定解决方案的选择，不再经由一种对不同观点的理性权衡来确定，而是已经逐渐成为一个信念问题。而且，一种整体的政治观念将——再次——极少能对如何裁决具体案件给予指导。

39. 实证－规范性研究方法

因此，我的出发点是在其他的地方。尽管人们总是可以争辩人们在法律上应当做什么，然而相关指导却可以从现有的规范性框架中获得。尽管如此，我所提出的指导类型却不同于常见的指导。现行法律主要是被作为由主管机关制定的一整套权威性表述来进行研究的。这套体系通常被拿来作为参考，以便明确实在法是如何被阐述的——这是一种以往受到忽视并且被视为学术性不足的方法。因此，现在需要一种视角上的转变：现有法律应当被视为提供了如何处理彼此冲突之不同论据的经验材料。这样，法学方法就包括将这些论据予以公开，以及对选择较为偏爱的某个论据所产生之影响进行探讨。根据这种崭新的视角，判例法和立法不再是某种法域之内对何为法律的权威性声明，而是关于特定的规范性论证之力量的一种信息来源。

这就意味着，法律不再被作为一套具有拘束力的判决体系（来自于正式的法律渊源）或者被作为一种（强调实现一种法律外部目标的程度）功能性体系，而是被作为一套可以提出支持和反对某些结果之论据的规范性体系来进行研究。这是一种响应辛格（Singer 2009，931）的号召而提出的研究方法，以形成“承认具有争议的规范前提与规范程序之必然存在的规范性论证的框架……”此外，这种方法还裨益于我们从其他地方获得经验。

这种方法可被定义为实证–规范性研究方法（empirical-normative method）。根据此种方法，现有法域被视为解决彼此冲突的不同规范性观点的实验室。它们展示了围绕任何特定的解决方案存在哪些支持和反对的论据、其他法域流行哪些论据，以及在该法域中如何获取这种结果。通过进行比较研究，这些认识也可以为自己的法域所知晓。

这种方法结合了规范性方法（即应该怎样乃是一个关于何种论据最为重要的问题）的优点与实证性方法（即考察该种论据在其他法域如何运作以及它在自己的法域中如何运作）的优点。不同于前文所探讨的严格意义上的实证性方法（节码 16），实证–规范性方法的优点在于将会把实证性视角引介到法律语境之中。对于许多论据如何运作的洞察，也可以从自己的法域中获取，然而在我看来，此种方法过于片面（参见下文）。法学研究的最终目的在于探究彼此冲突的规范性论据，而欲做到这点的最佳方法就是把不同的法域内出现的诸多情况进行比较。对此，亦可参见鲁宾（1988，1893）。朔尔戴克（Schoordijk 1972）强调法学家的任务在于探究法域内所有可能出现的情形。

将法域比喻成实验室的说法可以追溯至路易斯·布兰戴斯（Louise Brandeis）在“新州艾斯公司诉利布曼案”（New State Ice Co.v. Liebmann）［285 U.S 262（1932）］中的著名论述：“在社会与经济事务上持续实施试验乃是一项重大的责任。对于实验权利的否认可能会给合众国带来非常严重的后果。一个勇敢的州可以，如果其公民选择，作为一个实验室，并尝试新型的社会和经济的实验，而对国家的其他地区不会存在任何风险。这是联邦体制所带来的令人愉悦的好处之一。”

实证－规范性方法需要利用来自不同法域的材料：只考察自己的法律是一种过于片面的法学研究方法。与其他法域进行比较，甚至与其他规范性体系（例如，道德规范与社会规范）进行对比，能够彰显出其他法域所采取的解决方案是如何运作的。这可能意味着，其他法域的实际情况——意识到某项规则发挥了有益的作用——可以造就该种解决方案也适合于自己法域的规范性判断。

如今的比较法学主要以诸内国法域的比较作为目标。格伦（Glenn 2003，844）正确地指出，规范性判断不应只存在于国家法之中。相反，一种“国家法内部与国家法之间的规范性论证的方法”必须被发展起来。在英国著名的“麦克法兰夫妇诉泰赛德健康委员会案”（McFarlane v. Tayside Health Board）[2000 SC（HL）15]中，斯坦因大法官认为：“比较法学的目的不在于对不同国家所采取的不同解决方案进行调查。它具有独特的且不可估量的价值，塑造着我们对于权衡彼此竞争的各种考量因素的关注。”这就很好地体现了法律比较是怎么回事：正是通过法律比较，人们意识到对于一种不同论据的接受可以导致产生更好的结果。一国不需要采用一种“客观的第三者标准”（*tertium comparationis*）（参见上文节码 15）的原因在于：某些案件并非完全具有可比性的纯粹事实，并不会妨碍一国从其他地区借鉴经验。关于不可比性的相关论述，亦可参见下文节码 46。

在越来越多的案件中，法院援引了外国的法律来确立特定论据的价值。美国一个著名的案例牵涉到对介于 16 岁与 17 岁之间的人犯罪判处死刑是否合宪。美国最高法院在将其一部分观点建立于存在“压倒性的国际意见”反对对未成年人处以死刑这一事实的基础之上，支持了它认为在这些案件中不允许执行死刑的观点。一种观点不可能只从其他地区如何看待某项规则中获得，但是却可以观察在其他法域中这项规则所引发的效果。当对关于法定饮酒年龄的问题进行辩论时，不同国家的法律所规定的法定饮酒年龄——16岁（意大利）、18岁（西班牙）、20岁（日本）、21岁（美国）或者完全没有限制（阿尔巴尼亚）——可以提供一定的启示，而且这些年龄规定的差异所引发的效果也可以确定下来。

参见“罗珀诉西蒙斯案”（Roper v. Simmons）[543 U.S. 551（2005）]。对此，亦可参见布雷耶（Breyer）大法官在“普林兹诉合众国案”（Printz v. United States）[521 U.S. 898, at 977（1997）]中提出的反对意见：“我们正在解释我们自己国家的宪法，不是解释其他国家的宪法，而且他们的体系与我们的体系之间在政治上和结构上可能存在重大的差异。尽管如此，在针对常见法律问题所采取的不同解决方法所带来的后果上，他们的既有做法仍然可以投射出一种经验主义的光芒。”同时，在马克西尼斯与费德克（Markesinis & Fedtke 2005，97 – 98）以及丹纳曼（Dannemann 2006，396）的研究中也对这种对于外国法律经验的借鉴进行了说明：比较可以显示出规则所产生的不同后果，以及它们应当如何被评价。作为一个例证，丹纳曼（Dannemann 2006，398）谈到了德国新确立的一项法律规则。这项规则不再要求所有家庭成员（丈夫、妻子和他们共同的孩子）拥有相同的姓氏。在修改规则之前，有人担心这可能会造成家庭内部关系的紧张。然而，在拉丁美洲，家庭内部并不存在统一的姓氏，而且这并不意味着家庭纽带就会更加脆弱一些。另外一个例证涉及德国法所规定的对于不当履行合同请求补救的权利（参见下文节码42）。对于这样一种权利的承认并不必然就会使得合同救济方法更难以被付诸实施（正如荷兰立法机关曾经所担忧的那样）。

尽管如此，在法院的论证和法学研究之间存在一个重要的区别。借助于一种论据优先于其他论据，法院（或立法者）终将必须作出一项选择，而法学研究则可以只限于描绘可供选择的诸多方法并通盘考察密切相关的所有论据。因此，法律学者能够极大地有助于一个更好决定的作出，然而法律实践者是否会使用他们所提供的见解却是他们所无法掌控的：这是一个制度的问题。换言之，当法学产生疑问的时候，法律实践意在终结所有的不确定。

立法者和法院自身早已深受外国法律的影响，因为他们对其他地区同行们所使用的诸多论据非常关注。纯粹经济损失的责任是否应当存在，不是取决于英国法或法国法是否允许它存在，而是取决于主张支持或反对此种解决方案的实质性论据以及这种实质性论据在外国的判决、立法备忘录甚或教科书中是否可能已经以清晰的方式被讨论过。尽管如此，对于自己的法域而言，何者被认为是最好的结果，国家的立法者或法院最终将需要作出自己的判断。在欧洲，这样通过比较而获得启发所具有的正当性几乎是无可争议的。它甚至被认为会产生相反的效果：不能从其他地区所获得的见解中获益（尽管这种情况可能不像有人所希望的那样频繁出现）。这种观点的基础在于没有一个法域是独一无二的。

正如这种观点在欧洲流行那般，在美国（至少就司法机关而言）它的价值也被激烈地讨论。就此，美国最高法院大法官安东尼·斯卡利亚（Antonin Scalia）（1996）很好地解释了个中原因。他这样写道："我们美国民主制下的法官乃是我们人民的公仆，宣誓要适用……那些人民认为适当的法律。我们并不是某些国际神职人员，有权对我们自由且独立

> 的公民强加一些与他们自己的价值观相悖的超国家价值观。”尤其是，美国宪法是这个国家的一种独特体现，法官的职责在于通过尊重宪法来帮助塑造这个国家。在“罗珀诉西蒙斯案”（Roper v. Simmons）中（参见上文），当美国最高法院援引国际共识之时，斯卡利亚对此提出了严厉的批评：“我认为我们的宪法……的含义不应当由这所法院的五位成员以及与他们志趣相投的外国人的主观看法来决定……”

除了从外国论据中采纳一些观念以外，法律学者还可以考察这些论据在它们自身法域内的适应性（adaptability）：某一个论据可能会优于另一个论据，因为它更为契合现有的规范性框架。因此，非常损失规则（*laesio enormis*）是否应该被承认，或者保护消费者免遭专业当事方之侵害需要达到何种程度，这样的问题也可以在特定的法域内部获得解决。

本章的后续内容将会详细探讨这种特殊的方法。对于一种旨在识别论据的新（规范性）法学的必要性，本章将首先给予关注（节码40）。这不仅对于内国法研究非常重要，而且对于新建立的国际性学术领域，例如欧洲私法或欧洲刑法，也同样重要。制定和适用规则的古老方法对于这一新的领域似乎不再适用（节码 41）。其次，考察法学研究必须在何种程度上寻求普世性原则（节码 42），这个问题与决定我们何时能够谈论法律的统一性问题密切相关（节码 43）。最后，探讨提出的这种方法所引发的质疑：如何裁决一件纠纷以及在裁决纠纷中教义扮演着何种角色（节码 44 – 46）。

40. 一门论辩性的学科

在过去的两个世纪中，法学主要专注于制定规则和建立教义体系。不但立法机关通过诸如编纂私法和刑法的综合性法典来起草规则，而且法学也扮演了权威机构的一个重要追随者的角色。

从法学的内部视角来看，此等对于规则和法律体系的强调是情有可原的，就此前文就已经提到过。就此角度而言，没有必要批评规则体系对于在一个具体案件中作出决定所具有的重要性。即使一个案件的结果不会自动地从法律体系中产生，在一个相对同质的内国社会（national society）中这也不会成为问题：如果存在一种主流的法律文化（“道德观念”），法学界的主要参与者就会明白如何得到一个合理的结果。

> 换言之，即使一项规则不能确定它自己的适用领域（参见上文节码 33），人们也不必彻底地反思应当如何作出一个决定：法律体系在一个具体案件中的意义取决于它自己的“内在道德”（Fuller，1969，33）。这就反映了关于何为正确的主流观点。即便缺乏相关规则，人们也可以得出一个被普遍认同的结果。

这种观点之所以不再能够充分地反映当前情况，乃是基于两个原因使然。第一个原因是，在国家层面上不再存在一种主流的道德观念。在诸多议题上，群体之间对于何为正确之做法的看法大相径庭。这就愈加需要对于论证过程和关于为何得出特定结果的问题加以重视。而援引现有的法律体系正在变得越来越难以济事。这就意味着，法学应当较少地关注规则、法律体系的建构，或者寻求“正确”的结果，而应当更多地关注相关的论据和解决这些论据之间的冲突所要使用的方法。

> 一个社会拥有的整套价值观越缺乏统一性，这个社会就需要越多的实质性论证。如此一来，文本和它的解释就变得不那么重要，而且人们需要不断地说明支持或反对特定结

果的理由。阿蒂亚（Atiyah 1980，1255）将这种从规则转向在具体案件裁决中实现公正的发展态势称为“一次从原则到实用主义的深刻转变”。

第二个原因是，欧洲化程度的日趋加深也导致了法学较少地关注规则和体系，而更多地关注实质性论证。除了某些非常普遍的原则——例如合同自由和财产保护——受到关注之外，一种统一的欧洲道德观念并不存在：即便统一的规则可以被确定，不同法域对于它们的解读也会有所差别。这就意味着，强调的重点不应再是规则的制定和适用，而应当是规则背后的实质性论据。德国社会学家乌尔里希·贝克（Ulrich Beck）正确地主张，鉴于国际化程度的日益加深，我们必须对于法律以及我们描述法律的方式进行重新审视。

采用贝克（Beck 2003，458）夸张的术语来表达就是，日趋深化的“解国家化”（denationalisation）和“超国家化”（transnationalisation）应该会将我们引向在新的国际化框架内的一种法律的“概念重构”（reconceptualisation），以便避免法学逐渐沦为一座“容纳陈旧观念的博物馆”。在民族－国家中，法律是由建立在相关机构的权威基础之上的规则所组成，并且它们——如果需要国家权力的帮助——可以依靠一个经由民主选举的政府强制实施（Morgan & Yeung 2007，303 – 304）。通常描述法律的方式与这一点是一致的：通过规则来描述法律表明这些规则能够相对容易地获得适用，从而能够提供必要的法律的确定性和法律的平等性。在这一方面，我们对于法律的理解，在很大程度上是由在国家范围之内法律能够做什么所决定的（Twining & Miers 2010）。因此，不以此等国家的民主决定过程作为基础的法律，本应最好采用另外一种方式来加以描述，而非通过明确的规则来描述。

41. 例证：欧洲私法《共同参考框架草案》

法学应当成为一门论辩性学科的要求，可通过对近来发布的欧洲私法《共同参考框架草案》（DCFR）的探讨获得证明。这份文件对于它所具有的功能几乎没有给予说明。

> 《共同参考框架草案》（Von Bar & Clive 2009a）的目的在于对欧洲私法的各种原则、定义和示范规则进行界定。它由包含详尽规则的十“编”所组成，涵盖了整个债法和部分物权法。《共同参考框架草案》被呈现为一种“学术型的”文本：也许因为欧洲立法机关可以利用它来修正现有的规范（*acquis*），然而在教学与科研中，以及在作为国家的立法机关和法院的一种灵感来源方面，它发挥着一种自主性的作用。
>
> 在我看来，《共同参考框架草案》遭受到了所谓的“方法论上的民族主义”（methodological nationalism）——这个术语由社会学家赫米尼罗·马丁斯（Herminio Martins）所创（Smits 2010）——的困境：为了将草案主要作为一种不具有拘束效力的灵感来源来使用，起草者将其基本前提建立在民族－国家中的法律这一角色的基础之上。我们传统的思维方式——将法律视为在一个内国社会内部得以形成——由此被移植到欧洲层面。《共同参考框架草案》便是意在起草和建构起类似于一部国家法典的规则体系的一个例证。这部草案之所以可被视为具有方法论上的民族主义，主要有三个原因。

首先，我们应当承认欧洲层面的私法将会继续来自各种不同的渊源：不仅来自国家渊源和欧洲渊源的私法，而且也来自私人规制的私法，这些都将会源源不断地注入欧洲私法之中。欧洲私法具有的这种多层级结构产生了这样一个问题，即哪一种规范层级能够最好地实现调整的效果？无论如何，整个私法体系可以不再只由一部立法来调控，因为这样会与各成员国和欧盟之间规范性权力的分配相抵触。尽管如此，看上去似乎没有迹象表明《共同参考框架草案》体现了此等视角：私法是一个多层次的体系（参见上文节码17），因为它意在如一部内国法典那般涵括全部的债法和私法的其他部分。

内国法典编纂的第二个特征就是，相关的规则应当是什么与应当由谁对它们进行选择，通常是没有什么疑问的。这不仅因为在国家层面上，通常存在一项被普遍承认的标准以决定哪些规则必须被纳入法典之中，而且还因为同样存在一个被普遍承认的程序以采纳这样的规则（在大多数情况下是一种国家的民主决策过程）。相较而言，在欧洲层面上，缺乏如此这般的共识。这就导致了使用一种明确的方法决定哪些规则应当成为《共同参考框架草案》的一部分和由谁采纳最终的文本变得尤为重要。根据《共同参考框架草案》起草者的观点，该草案的诸多条款是建立在对各成员国的法律和可适用的欧洲法的比较分析的基础之上的。尽管如此，如果人们不懂得如何应用这种比较方法，那么它就不具有很强的说服力：起草者们是否探求了相关法域的共同特征，或者是否寻求了被视为“更好的”解决方案？如果答案是肯定的，那么为何这种解决方案会更好？倘若起草者们没有解释他们所作选择背后的动机，那么对于《共同参考框架草案》条款内容的讨论就会面临重重困难。

最后一个问题是，《共同参考框架草案》承载的功能是否包含了对于规则制定方式的说明。在民族－国家中，法律通常是由依靠合法建立的民主机构的强制力予以保障实施的权威性规则所组成。法律的表现方式往往符合这些特点：借助于规则来描述法律意味着这些规则能够带来为指导那些受它们影响之人所需要的法律的确定性和法律的平等性。在这个意义上，我们对于规则的理解和这些规则在国家层面上能够做什么存在紧密的联系：如果规则产生于一种民主过程之中，并且由此可以依靠国家机构所强制实施，那么它们便可以组织社会。可以说，正是国家的民主过程使得政策权衡能够具有透明性和权威性。然而问题在于，超民族－国家的法律是否应当以相同的方式呈现出来，尤其是当——正如《共同参考框架草案》那般——诸多条款的目的并不在于直接影响私主体的行为且更不在于具体施行，而主要在于成为一种灵感的来源之时。答案必然是否定的：在我看来，法律文本的功能在很大程度上取决于它们如何被呈现出来。由此，一部国家的民法典需要被以一种不同于一套规则的方式呈现，以便有助于完善现有的规范（*acquis*），而且亦可启发欧洲各国的立法者和法院或者在法律的教学与研究中发挥作用。目前起草的诸多规则，仿佛它们能够被适用于现实世界，然而事实却并非如此（参见上文节码 40）。我认为，它们应该反映出存在着彼此竞争的诸多原则以及相似的论据在从这些原则中做出选择之时发挥了怎样的作用（尽管在具体的纠纷中结果可能会有所不同）。考虑到这一点，一种采取不同的描述方式且更趋向于商谈型的文本（discursive text），将会是比较好的选择。更多的细节，亦可参见 Smits（2010）。

42. 法学并不意在寻求普世性的原则

对于法学是否应该寻求普世性的原则，上述所表达的观点也作出了暗示。在历史的进程中，一直都存在一种在法律领域所充斥的庞杂规则和案件中找到像自然科学那般具有确定性之原则的持续渴望。然而，一旦法学研究的核心问题变成了人们在法律上应当做什么，那么起草的原则所具有的价值便十分有限了：任何一位法律人都明白，当一个案件必须被裁决时，正当性诸原则之间最终总是会发生冲突。

关于法学具有普世性的主张，亦可参见上文节码8。当前理论界寻求欧洲私法原则的现象(例如《欧洲合同法原则》《欧洲侵权法原则》和欧洲私法《共同参考框架草案》)，与二十世纪早期比较法学家们所奉行的普世主义遥相呼应。大约在那个时候，雷蒙德·萨莱耶（Raymond Saleilles）、爱德华·拉邦德（Edouard Lambert）以及其他学者的目的就在于揭示出共同制度和共同原则，以佐证他们秉持的不同法域之间的差异只是一种偶然的想法。

强调的重点应该放在揭示出支持与反对特定解决办法的各种不同的论据以及这些论据在不同法域中如何运作之上，而不是起草彰显统一性的规则和原则。不同论据之间的相互竞争会带来进步，因为一个法域可以从其他法域中获得经验借鉴。

关于法律规则（或论据或观念）之间竞争的重要性以及由此所引发的学习过程的论述，可参见Wilhelmsson(2002)以及Smits（2002b）。这也是我认为欧洲私法《共同参考框架草案》没有说明“存在多少国家的私法是彼此相似的、多少国家的私法业已为发展提供了相互的激励，以及实际上存在多少国家的私法可能被视为整个欧洲共同遗产的区域性表现”（Von Bar 2009b，6）的原因所在。同时，我也认为，在私法领域中，欧盟各成员国之间存在诸多共同之处（参见下文节码 43）。尽管如此，仅仅从能够起草出共同原则这一事实之中便得出此等结论似乎是错误的。只有在考察所有相关因素的情况下，才能清楚不同法域之间是否彼此相似。这样的话，在使用相似论据中发现统一性也许会比在共同规则或案件判决中发现统一性更为重要：在不同的国家必然会以不同的方式针对一份共同的文本进行解释。

关于如何以不同的方法对相同的论据进行权衡的一个例子是，关于不履行合同的当事方是否享有第二次机会的权利，即补救其履行的问题。就德国法而言，当债务人迟延履行或瑕疵履行，债权人原则上只被允许解除合同（《德国民法典》第 323 条）或者当债权人已经通知债务人在一定期间届满前履行但未果后，债权人可主张损害赔偿以代替实际履行（《德国民法典》第 281 条）。这就意味着，债务人享有第二次提供服务权（Recht zur zweiten Andienung）：虽然违约（交付迟延或者瑕疵履行），但是他仍然享有第二次机会补救他的不适当履行。随着 2002 年德国债法的修订，相较于已经通过欧洲指令得到充足保护的买方，德国立法者明显强化了卖方的权利。

荷兰法尚未承认债务人的这种第二次履行机会的权利。只要债务人不履行，便足以表明债务人存在过错。这就意味着，比如说，如果设定了一个履行期间，并且已经超过了这个期间，那么债权人便可直接主张损害赔偿。债权人只需要做的一件事就是发送一份书面通知（omzettingsverklaring）（《荷兰新民法典》第 6:87 条）：他现在要主张损害赔偿以代替实际履行的书面文件。在终止合同的情形下，一份终止合同的书面声明便已足够(《荷兰新民法典》第6:267条)。当然，这并不意味着在荷兰法中不可能设定额外的履行期间：债权人可以选择这样做，但是债务人却没有权利这样做。就此而言，荷兰法就像《欧洲合同法原则》那样，该原则第8:106条中明确规定债权人可以设定一个额外的履行期间。这便是债权人自我约束（Selbstbindung）的情形：债权人约束了他自己，因此在所设定的期间内他不能主张实际履行或者终止合同。

总之，由此可以得出结论：在保护债务人免遭债权人实施补救措施的侵害上，德国法比荷兰法走得更远。这不禁让我产生如此疑问，“哪一种体系可被认为更加优越？”“允许债务人享有第二次履行机会的背后的政策原因是什么？”对此，我认为可能出于两个原因。第一个原因是，债权人与债务人之间存在具有拘束力的合同：如果允许一方当事人享有第二次履行的机会，那么合同将会在一段更长的期间内仍然具有拘束力。这就与合同一旦订立就应该尽可能维持而且必须存在充分的正当理由才能终止合同或者主张损害赔偿金以代替实际履行的观念相一致。因此，单纯地将合同的命运系于一个重要日期的经过可能并不足够。第二个原因与第一个原因密切相关。相当迅速地终止合同或者允许主张损害赔偿金的可能性，也许会导致产生各种各样的并发症。损害赔偿金的数额必须被加以评估，而且如果合同已经获得部分履行，那么就需要对履行进行补偿，而这又是很困难的事情。这就意味着，当事人之间存在一种重要的动机促使他们简单地履行合同而不去考虑这些棘手的问题。

紧接着的一个逻辑上的问题是，就不适当履行的补救权而言，是否存在任何相反的的论据。存在一种道德性的论据认为，当不能及时履行合同之时，债务人就存在过错行为，而且这种情形本身就应当允许债权人主张损害赔偿金或者（在特定情形下）终止合同。荷兰的一位立法者曾经考虑过采纳第二次履行的机会，然而正是基于这种原因而拒绝了它。他也论述了荷兰的法律实践应该支持债权人直接起诉债务人的可能性。然而，这种说法是否真的正确，是存在疑问的。根据荷兰最高法院的判例法［例如，Hoge Raad 4 February 2000，NJ 2000，258（Kinheim/Penders）］，债务人的“再一次履行”被视为一种很重要的权利。此外，关于消费品销售的欧盟指令（1999/44）赋予了销售者修理或更换商品的权利。这似乎彰显了允许缔约一方纠正他或她的错误的一种趋势。荷兰的立法者拒绝通过允许债务人享有第二次履行机会的另一个原因在于，可选择的方案将“更加简单”。然而，这却是很难看到的：在主张损害赔偿金或者终止合同之前债权人首先需要设定额外的履行期间，这一制度并不必然会更加复杂。就此，可参见 Smits（2008b）。

不难看出，对相同论据的权衡产生了不同的结果。然而，必须抵制从其中提炼出一个抽象原则的诱惑，这只会导致产生克利福德·吉尔兹（Clifford Geertz）曾经所称的一种“事实的骨架化”（skeletonization of fact）：为了寻求共识，由此将所面临的困境化约为一种抽象的事物。用劳伦斯·弗里德曼（Lawrence Friedman）（Legrand 1997，59）的生动语言来讲，这就好像有人“抓住活法的诸领域，灼烧它们的肉体，排干它们的血液，将它们变成一堆骨头”。

43. 何时应当出现法律的统一性？

在不同法域中对于规则和原则的适用将会导致不同的结果，实际上这个纯粹的事实应当是探讨统一性的一个原因。更准确地说，使用相似的论据乃是判断法律统一性的一个标准。

关于究竟何时才能产生法律统一性的问题，可以采用不同的方法来加以回答。由此，人们可以在规则中以及在这些规则如何被法院适用中寻求统一性。这就意味着，为了能够探讨统一性，法律必须由以一种统一的方式被适用于整个欧盟的诸多相似性规则所组成。尽管如此，这个标准是存在问题的，因为甚至在国家层面上都不会存在这样的趋同（convergence）：一国之内的不同法官可以采取不同的方式裁决相似的案件。然而，在欧洲的语境下讨论法律的统一性时往往隐含的就是这种类型的趋同。《欧洲合同法原则》和欧洲私法《共同参考框架草案》中的条款就是为了借助于规则来帮助实现此种类型的趋同。如果能在诸多原则或者基本权利中寻找到共通性，那么（至少）可以实现较低层次的统一性。第三种可行的标准是，所适用的规则或所取得的结果是否在功能上具有相似性。由此，如果能够实现一个相同的目标（例如，保护消费者或者防止不正当竞争），那么就意味着统一性的法律是存在的。

我认为，就关于不同法域是否使用相似论据的讨论而言，应当还存在另外一种判断标准。在这一点上，这与此等论据是否被给予不同的考量是没有关系的（亦可参见上文节码 42）。例如，如果德国法将一个特定的诉讼时效期间视为是绝对的，而荷兰法在存在证据证明存在例外情况的情形下不将该期间视为绝对的，那么这无关紧要。此外，不同法域之间对于“抛掷矮人”的合法性抱持不同的观念，也无关紧要（分别参见上文节码 33 和节码 36），只要在作出一个判断的过程中所有相关的论据都要得到考量。

> 这种观点与目前存在的唯一纯正的普通法的经验是相一致的：英格兰及其前殖民地的普通法。在普通法系的诸国中，法律人已经强烈地感觉到，上述所提出的论证类型将有利于法律的发展。尤其是，英联邦之中的许多法院往往会受到外国同行们所使用的论据之影响（Smits 2006），尽管这并不意味着每个地方的普通法都是相同的。在新西兰的“因弗卡吉尔市政委员会诉哈姆林案”（Invercargill City Council v. Hamlin）（［1996］ 2 WLR 367）中，枢密院强调指出，普通法是可以不同的，这取决于“社会－经济行为的一般模式”。贝里克的劳埃德大法官（Lord Lloyd of Berwick）声称，“普通法所具有的使它自己适应于所扎根各国的不同情况之能力不是一种缺陷，而是它的巨大优势之一”。这就使得该法院得出了这样的结论：较之于英国法中的相同概念，在新西兰法中的过失（negligence）概念获得了截然不同的内涵。

这种对于不同论据的强调也是十九世纪国家法典编纂之前存在过的具有共同欧洲法律传统的共同法（*ius commune*）的核心问题。这种共同法从未寻求规则的统一性，然而却被描述成一种使用并非十分确切界定的一堆规则、原则和论据，着眼于寻求最佳结果的方法。基于这些因素，罗马法之所以被当成一种渊源来使用，并非因为担负任何强制性的义务必须这样做，而是因为罗马法所提供的解决方法被认为对于作出正确的判决具有着教益性的价值。这也是为何——如果当代的法律渊源能够更好地有助于达致最好的结果——它们会比被继受的罗马法得到更优先考虑的原因所在。这就使得这种方法成为一种极具国际性的方法：没有任何理由能够假定在其他地方所提出的论据会没有为本国自身所采纳的论据重要。

> 在共同法传统中这是很罕见的，因为在那里存在着一

种必须将某项规则适用于某个案件的严格义务：当可获得的材料中的一部分彼此抵牾之时，除了这样做还能怎样呢？换言之，人们从被视为在法庭上可最佳处理案件的诸多规则中获得了启发。罗马法提供了诸多解决法律问题的方法清单，然而当时学者的见解也会得到使用，如果这样做被认为是有益的。德里克·范·德·梅韦（Derek van der Merwe 1996，356）就混合法域法学家采用方法的界定，对于共同法也同样适用。他指出，作为一名“天生的折中主义者（instinctive eclectic）：（法学家）将会以一种宏大的方式谋求权威，在很大程度上不受硬性理论边界的约束，来汲取法律的智慧。如此的心境将有助于便捷灵活地适用法律”。更多的细节，可参见 Smits（2002a，158ff.）。说到此处，我们只能同意齐默尔曼（Zimmermann 1997，293）所持的观点：“一种真正的欧洲私法的必要前提似乎是出现一种‘有机发展’的，将会超越国界且复兴一种共同传统的法学。”然而，做到这一点的方法就是要寻求欧洲不同法域中所使用的论据。

44. 对案件裁决的强调：实践智慧

在上述部分中，强调了法学中的许多原则和论据将会总是相互冲突，由此法学方法应当包括对于相关论据的识别和反思。这就使得回答在实践中应当如何作出选择以便让一种论据优于其他论据变得重要起来。此外，这对于法学来说也很重要：尽管法律学者的主要任务并不在于裁决具体的案件，然而人们可以期望他们展示在一个法域的特定规范的环境中如何裁决具体的案件。

我所立足的出发点便是早前曾提到的（例如节码 33）法律观念的现实情况：在具体案件中应当做什么，永远无法从规则或原则中获得解答。真正的裁决在于权衡彼此冲突的论据：每一个人都接受这样的一般性原则，例如平等原则、合同自由原则和财产保护原则，然而这些原则的真正含义以及它们怎样彼此之间发生冲突只有当它们被适用于一个真实的案件中才能清楚。这种视角会导致将法学重现评价为实践智慧（practical wisdom）。由于受到社会科学和自然科学方法论的影响，这种法律观念在过去几个世纪早已消失于人们的视野之中，但它却是与法学家的核心活动最为契合。

实践智慧——亚里士多德《尼各马科伦理学》中的“phronesis”——是指确定做什么以及要实现哪些目标的智识德性。在亚里士多德的著作中，实践智慧不同于关注普遍真理（理论智慧）的哲学智慧（*sophia*）。实践智慧不仅强调每一个案件的独特性，而且也强调需要一个富有经验的人来处理它。哲学智慧仅仅是反思性的，而实践智慧则将具体作出一项选择以及对作出选择发挥决定性作用的诸多论据置于首位。智慧可以在过去已获裁决的许多案件中找到，但是在抽象的规则和原则中却收获寥寥。

对于将法律活动描述为实践智慧所带来的启发，可以在史蒂芬·图尔明（Stephen Toulmin）、阿拉斯代尔·麦金太尔（Alasdair MacIntyre）和玛莎·努斯鲍姆（Martha Nussbaum）的研究中寻获。他/她们都表明了，在理性实证主义兴起之前，当时存在的诸方法如何在具体案件中对于不同的价值进行平衡，以及这些方法如何因受理性实证主义的知识范式之影响而在十七世纪被更为简约型的判决做出模式所取代的。图尔明（1990，30）很好地捕捉到了过去三百年以来主流的学术方法：“形式逻辑、一般性原则、抽象的原理、恒定性方法是主流的，而修辞性的、特定类型的、具体多样化的以及短暂过渡型的方法是非主流的。”这就产生了一种“道德代数法”（moral algebra）——对于诸（冲突）价值的一种近乎数学式的平衡术。

这种叙事方法与施勒德（Schröder 2001，23）对于法学的描述是一致的：一直到启蒙运动，法学的侧重点都放在寻找正确的解决方案（*inventio*）和使用按目录分类的重要论题（*topoi*）之上。1516年的《法律论题学，或法律论证的论题所在》（*Topica Iuris*，*Sive Loci Argumentorum Legales*）便是此方面著名的成功著作。在这本著作中，尼古拉斯·埃费拉茨（Nicolas Everaerts）探讨了一百余种这样的论题。大约在1700年，使用论题来确定正确结果的做法大体上已被抛弃，取而代之的是一种系统化的方法。然而，系统化有其自身的局限性，因为法律体系本身永远不会提供结果。

现在是（再次）承认只能以一种实践的方式在彼此冲突的论据之间作选择的恰当时机。努斯鲍姆（Nussbaum 1986）和麦金太尔（MacIntyre 1981）恰当地强调指出，只有在一个具体案件中才有可能存在利益衡量，而且任何较为抽象的规则必然具备一种“经验法则”的特点。人们在抽象真理的基础之上不会作出切实可行的选择或者正如霍姆斯（1870，1）所说的那样：“普通法的优点在于先裁决案件，然后再确定原则”。这契合了社会科学不应当再受到科学方法的支配，而应当主要作为实践智慧型社会科学（phronetic social science）而被加以实践的诉求。对此，本特·弗林夫伯格（Bent Flyvbjerg 2001）认为，尽管社会学家们长期以来已在他们的研究中使用了许多自然科学的理念论，但是这并没有造就形成解释或预测社会现实的能力。因此，社会学家们应该做他们所擅长的事情，而不应该卷入对于我们的社会应当追求哪些价值和如何实现这些目标的规范性讨论之中。换言之，要想再次变得具有意义，社会科学应当告诉我们实际原因。

如果法律实践被视为是运用实践智慧的一种特殊形式，那么这可能意味着决策过程本身并不是透明的。纯粹地参照法律决策者的经验（“智慧”）并不会彰显出这种决定是如何作出的，并可能引发此决定最终只不过是一个“未解之谜”的指摘。此等指摘是没有道理的，这在下文节码 45 中将会变得明确起来。

令人惊讶的是，理查德·波斯纳（Posner 2003，64）也承认，根据一种法律实用主义观念，法院的最终标准是合理的：“追求法治与案件具体结果之间的恰当平衡的运算法则并不存在……事实上，对于未来务实的法官而言，这没有太多可说的，而更有探讨价值的是，你如何能将所有的因素都考虑进去，以作出最为合理的判决。”对此，亦可参见 Menand（1997）。

45. 法律教义的重要性

实践智慧在很大程度上依赖于作出决策之人的成熟但却主观的看法。通常认为，实践智慧也应当依赖于一种外在于决策者的知识渊源。正如前文所指出的那样（节码 39），只要它被视为提供了如何处理彼此冲突之论据的实证材料，那么法律教义（包括以前的已决案例）能够在实证 – 规范性研究方法中扮演好应有之角色。

对于如何为实践智慧提供基础而进行（哲学上）的广泛探讨，就此点而言，可能会走得太远。然而，一个重要的学派认为，对于实践智慧而言，使用外部渊源来确定它所需要的东西，是至关重要的。由此，约翰·菲尼斯（John Finnis）（1997, 221）援引了道德规范，而米尔格伦（Millgram 1997, 161）援引了经验。谢乃何（Hsieh 2011）提供了关于此等讨论的概述。

法律教义（“教义学”）可被看作对法律规范性之复杂程度的体现：成千上万的规则和判例——有着它们细微的差别——展示了法学可处理彼此冲突的价值观念的诸多方法。由此，教义反映了法律经常如何细微以及为何一点微小的变化事实上便可导致全然不同的结果。对于教义体系的阐释由此不是一种脱离于现实的以太活动（etheric activity），而是一种旨在捕捉法律文字微妙之处的法律活动的基本组成部分。

必须重申的是，某个论据在特定的法域中是否可以获得承认的问题，只有在那个特定法域的规范的语境中才能得到解答（参见上文节码40）。由此，法律教义使得我们从主流的规范性方法中获得启发。正是基于此点，尽管受到来自学术界四面八方的猛烈抨击，但是教义学还是幸存了下来，这绝非是一个巧合。史密斯（Smith 1992, 629）指出：“事实上，建议法学研究应当较少地沉迷于教义，就像是建议历史学家不应当花费那么多精力去研究发生于遥远过去的事物一样，或者建议天文学家应当更多地担忧世间的事物而不应当专门将精力集中于遥远的天体那般。”每一种论据在它可被承认之前都必须经过法律体系的过滤：法律活动在很大程度上包括感知这个法律体系、把每一项规则转变成一种经验法则，以及将每一个先前的判决转变成关于如何裁决系争案件的一种可能的典范。这并非一件简单的事情，而且即使它起初可能看起来非常简单，但是一个有能力的法律人将会把它变得复杂起来，之所以如此，不是因为此事会让他变得忙碌，而是因为他深谙其中的细微差别乃是至关重要的。就好比辛格（Singer 2009，938）所说的这样："法学是错综复杂的，因为性质上的差别很重要，而且这些差别在这种细节的层面上关系重大。"

法律教义不仅扮演着一种实践智慧渊源的角色，同时还具有其他两个功能。首先，它建立起一种关于文本、概念和分类的共同框架，没有它甚至不可能存在辩论。这不仅是欧洲的共识（Jansen 2005，755），而且也是其他地区的共识。诚如蒂勒和克罗斯（Tiller & Cross 2006，1）恰当地声称的那样："法律教义就是法律的货币"。如果缺乏一种教义体系，那么许多法律问题甚至都不会存在。因此，就在动产上设立的担保（"质押"）是否必须登记或者违宪审查是否可能之类的问题而言，如若缺乏一种法律框架，是无法获得解决的。就此而言，法律教义创造了法律事实（参见上文节码 9）。

其次，一套教义体系可以增强法律的融贯性和清晰度。由此不难看出，批判法律运动（Unger 1986 and Kennedy 1976，1685）所抱持的一个著名的批判性论断——除了掩盖潜在的诸多矛盾之外教义体系毫无用处可言——是多么的牵强附会。

由此造就的结果是，法律学者的规范性活动将包含两个步骤：第一个步骤是，利用实证 – 规范性研究方法对支持和反对某种解决办法的相关论据进行识别和反思；第二个步骤是，对于这些论据如何适应一个现有的规范环境（例如某个内国法域）进行考察。在抽象的层面上，对此作出判断是颇为困难的：毕竟在美国最有说服力的论据，在德国不一定也是如此。

46. 何种论据占优？缺乏一种第三元素的比较

就实践智慧而言，仍存在另外一个方面需要注意。在将教义视作一种用以处理彼此冲突之论据的实证材料的观念中，法律比较扮演着一个至关重要的角色。这样的比较可以发生于不同的层面。由此，在特定案件中作出某个论据优于其他论据的决定，可以建立在一种对于相似案件的比较的基础之上。在更为抽象的一种层面上，对于规则（甚或整套规范体系）的承认，乃是依赖于在与其他体系进行比较的过程中如何评价这个体系。

> 约恩森和图尔明（Jonsen & Toulmin 1988，34）采用上述提出的方法很好地描述了比较研究的重要性（不在一种融贯且公理性的体系中寻求真理，而是在关涉独特情形的具体案件所展现的经验中寻求真理）：“实用的论据将它们的力量取决于当下的情形与更早的先例（依托最初想出的特殊论据而作出）的相似度如何。由此，根据实用的论据研判，真理和确定性早先在横向的先例之上得以确立，以便为后来的问题提供‘解决方案’……”

比较法学者倾向于要求将任何有意义的比较必须建立在某种客观标准的基础之上（即所谓的“客观的第三者标准”）。依然流行的功能比较方法就是建立在此种观念的基础之上的。然而，如果此等方法是在一种外在于法律的标准中（例如实用性或福利）找寻功能性尺度，那么它仍然只是用来确定“更适当”法域的一种非规范性因素。这就与实践智慧以一种法律方法使用现有经验来判断某种论据的观念相冲突。同样存在问题的是，功能比较方法使得关于人们在法律层面应当做什么的各种不同意见又重新回归到一个共同的标准之上。然而，我们早先就曾看到（例如上文节码 34），这是不可能的。论述价值观念多元化的著作表明，不依靠某种中性的标准，也可以对不同的可选择之方案进行比较。

在上文节码 15 中，我业已指出缺乏一种客观的第三者标准的比较完全可能，例如可以借助一种“第二层次的比较性语言”进行比较。这种比较甚至有可能是必要的，如果不存在普遍的和绝对的正当价值观念来推导出所有的论据。正如施罗德（Schroeder 2002）所写的那样：“没有一个单一的标准可以包容价值观念丰富的多样性。”对此，亦可参见 Nussbaum（1995，14）。这种价值观念的多元化预设了许多值得追求的不同的价值观念和目标，然而这也导致了它们彼此之间的诸多冲突，正如伊塞亚·伯林（Isaiah Berlin 1969）的著作中有关彼此对立的积极自由和消极自由的典型事例那般。这就造就了选择上的困难：“尽管存在一种客观的道德秩序，但是我们认为我们无法使得竞争性的不同道德真理彼此和谐。选择并没有排除我选择反对此等主张的权力”（MacIntyre, 1981, 143）。西蒙（Simon）和加芬克尔（Garfunkel）所创作的《罗宾逊夫人》（*Mr. Robinson*）（1967）中的一句歌词更生动地表达了这种观念：“当你面临抉择，不论你用哪个角度去看，你都输了”。

尽管存在不可通约的价值观念，许多学者还是业已考察了人们如何对于支持一种可选择的价值观念或者其他的价值观念进行的论证。即使价值观念无法根据一种共同的标准予以衡量，但是可选择的解决方案仍然确定地可以被相互比较。对于如何做到这一点所提出的解决方案，谢乃何（Hsieh 2011）提供了一个概述。对于法律学科而言，约恩森和图尔明（Jonsen & Toulmin 1998，330）展示了手头的案件如何与先前已决的典型案件进行的比较。罗纳德·德沃金（Dworkin 1986）将普通法系的法学视为连载小说的观念也意味着，不借助一种明确的外部标准而以一种更加巧妙的方法寻找相似性，此等比较也是可能的。无论有意与否，法学家们在日常生活中实践着这些见解。就此，亦可参见丹嫩曼（Dannemann 2006，396ff.）的作品，其中援引了约翰·密尔（John Stuart Mill）的“求同法”和“存异法”。

第三节　结论

47. 小结

本章首先提出这样的问题：如果不能诉诸立法机关和法院的权威，那么如何确定人们在法律上应当做什么？在上述的几个部分中，本人认为这个问题没有一个答案而且法学研究的核心问题（至少在规范性方法中）在于人们永远可以辩论应当做什么的问题。既然如此，法学领域不但包括了对于不同论据的识别和反思，而且也包括展示这些论据如何能够适应特定法域中的规范环境。随附的方法是所谓的实证－规范性方法：现有法域可被视为如何处理彼此冲突的规范性论据的试验室。最终对于更有说服力的某个论据的采纳，只能发生于特定法域的语境之中。作出这种决定的方法可最好地被描述为实践智慧的运用。

当然，这种诉求不会被接受，如果人们认为法律乃是一个权威的问题，只有依托立法机关和法院在制度上的地位，法律才具有约束力。就此，可参见 Collier（1991，194）。

尽管如此，杰弗里·塞缪尔（Geoffrey Samuel 2008，314）却声称，在他看来，比较法学家的工作方式适合于所有的法学家：他们必须“在一种探索的精神而非权威中”从事研究工作。

48. 作为一门学术科目的规范性法学

在上文节码 21 中，确立任何学术科目都应当满足三个条件。学术研究的目标不仅仅在于将知识系统化，同时这种知识也必然需要借助于学术界所公认的有效的方法来获取，从而超越一种依托于本土权威的知识。现在必须要解决的问题是，规范性法学在何种程度上满足了这些条件。

上文节码 22 论述了第一章所探讨的其他（非规范性）类型的法学可以在多大程度上满足一门学术科目所要求的条件。规范的不确定性乃是法学的一个重要特征，这个纯粹的事实并不意味着法律学术研究无法满足这些条件。不确定性并不排斥一种理性的方法，正如辛格（Singer 2009，929）所说的那样：“也许理性可与争论共存。”

毫无疑问，规范性法学能够满足第一个条件。规范性法学所提出的方法把对现有法律知识库的扩充置于首要位置：强调的重点落在论据的识别和不同法域如何权衡这些论据的考察上，而不是落在国家规则的制定和解释上。这种实证材料存在于成千上万的规则和司法判决之中。然而，这并不意味着我们必须寻找新的结构来对这些论据进行分类：必须抛弃目前根据内国法律体系而作出的体系划分。

规范性法学也能够满足第二个条件：法学不但形成了一种学术实

践（参见上文节码 21），而且也能通过所提出的实证 – 规范性进路（上文已作出解释）而采取一种明确的研究方法（节码 39）。这就要求一种视角的转变：判例法和立法不应当被视为关于实在法如何规定的渊源，而应当被视为关于某些规范性论据所具有之优点和缺点的实证材料。

最后，重新将注意力集中到论据上，意味着法学不再依赖于内国法而具有成为一门真正的国际性学科的潜力。在规则层面上找寻法律学科的普遍特征（正如欧洲私法领域中的许多项目所做的那样），将是错误的。这种做法错误地暗示了这些规则——由于它们妄称可被适用——采用相同的方法可被欧洲各国所理解。

在某些领域中，例如欧洲私法和欧洲宪法等领域，一场广泛的国际性辩论已然出现。显然，根据本书所主张的观点，学术辩论采用英语来进行更为可取：如果某人的目标在于识别和反思不同的论据，那么他就不会受到国家界限或自身语言的限制。对此，亦可参见下文节码 62。

第四章　法律学术话语的组织

第一节　引论

49. 关于组织问题的探讨

在本书的前言中，我提到过目前对于法学研究的讨论，不仅涉及它的目的和方法，而且也涉及高等院校组织其研究与教学、评估其研究人员以及对杂志进行分类的方法。与其他学科相比，此等讨论往往令人惊讶地欠缺关于法学地位的认识。而且，对于法学应当如何发展将主要取决于对其质量和运作资金的关注而非取决于实质性问题的观念也并不少见。

> 在荷兰（Stolker 2003 and 2005），对于捍卫法学研究不受对其缺乏足够重视的其他学科之影响的关注，推动了关于法学应具有何种学术抱负的讨论。然而，本章所要探讨的主题，并不是法学研究所特有的：下文所涉及的诸多趋势也可以在其他学术科目（例如对于研究方法的探讨）——甚或在作为一个整体（朝向“市场思维”的转变）的社会——中发现。

最后这一章将围绕着法学话语的组织来对几个问题加以探讨。接下来提出的观点部分来自前面几个部分中所主张的法学研究观念，尽管如此，同样依托异于规范性法学的几种不同的法律研究类型（参见上文节码 5），本章也将对于这一议题进行一项独立的分析。

> 除了法学研究的组织之外，本书将会忽略我所提出的关于法学研究观念的几个方面的影响——尽管这些影响确实存在。法学——作为处理彼此冲突的规范性论据的学科——所产生的一个重要结果，例如可在最高法院的组织架构中体现出来：或许可以这样说，与法院只能采用一种声音说话的体系相比，一个同时兼具同意意见和反对意见的体系能够产生更好的论证效果。正如荷兰最高法院院长海尔特·科斯腾斯（Geert Corstens）近来所指出的那样（Lindo 2009, 1078），提出反对意见将不利于合作的观点，似乎是一种对于缺陷的容忍。允许法官经过充分论证的观点得以被倾听，能够带动法官之间甚至整个社会更为开诚布公的讨论，特别是当法院判决存有争议的时候，更是如此。关于允许存在反对意见和法域对于科层制权威的厌恶两者之间紧密关系的论述，可参见 Smith（2009）。

如果法学研究被描述成一场对于人们在法律上应当做什么没有任何明确答案的永久性辩论，那么首先要解决的一个问题便是，这对于如何能够推动法学发展和法律学者如何开展创新性研究究竟意味着什么。这个问题将会在第二节中予以讨论，接下来在第三节中将会对法学的方法论以及法学在何种程度上拥有它自己的特点等问题作出一番探讨。而这些将会为在第四节中讨论法律学术文化以及如何最为有效地组织法学研究和教学开辟道路。

第二节　法学中的创新

50. 创新的重要性

任何学术科目的声望在很大程度上取决于创新者和他们的创新思想被学术界所推崇的程度。如此一来，学术上的成功就由某个人对于自己思想的热烈宣传和其他人追随创新者的程度来衡量。在法学中也是这样：在其每一个历史发展阶段，我们都可以指出挑战既有的知识并且随后被其他人所追随的人。如今，法律领域中所使用的许多现有的概念、规则和方法，都是具有创新思维的法学家们过去的工作成果。这种关于法律乃是一种人类创造之产物的观念，应当在法学教育中多加强调。

在这里我只能援引私法有限领域中的一些典型事例（并未详细涉及引用来源）。在那里，存在大量被普遍采纳的法律“创造物”（Hoeren 2001），而且如果没有它们我们很难想象法律领域将会是什么样子。“法律行为”（Rechtsgeschäft）的概念就是萨维尼为便利于法律思考而创造一种法律制度的一个典型例子（亦参见上文节码 8）。许多概念，诸如要约、承诺和债，亦是得益于潘德克顿学派学者们的工作，现在在私法体系中业已获得了它们被界定良好的意涵。甚至那种认为将法律完全系统化将十分有用的观点，也是得益于一些创新者，例如多内尔鲁斯（Donellus）、莱布尼兹（Leibniz）、普芬道夫（Pufendorf）和沃尔夫（Wolff），在十六世纪与十七世纪（受到人文主义的影响）才被“创造”出来的。萨维尼（1814［1831，30］）的工作也很重要，因为他使得法律范式发生了转变：法律并非源自于理性，而是首先“产生于习俗和人民的信仰，其次假手于法学”。在阐明关于法律解释的方法上（语义解释、逻辑解释、历史解释、体系解释），他同样具有影响力（Stein 2000，13）。另一种创新思想，也即法律适用必须在根本上符合具体案件中的利益，可以追溯到冯·耶林（Von Jhering）的思想。如今的创新者往往不再来自于德国，而是来自于美国：如果缺乏罗纳德·科斯（Ronald Coase）、圭多·卡拉布雷西（Guido Calabresi）和理查德·波斯纳的开拓性工作，法律也可以从经济视角来看待的观念就将可能不会被人们所接受。邓肯·肯尼迪（Duncan Kennedy）的批判法律方法同样也很重要。最近，史蒂文·莱维特（Steven Levitt）给予法律的实证研究方法提供了一种全新的推动力（参见上文节码 16）。

令人吃惊的是（如果不是对法学的状态感到失望），变革性的创新者经常会认为最好不要向法学界透露他们的真实姓名。冯·耶林就是这样做的。他在 1861 年采用秘密信件的形式匿名地发表了对于主流的概念法学（Begriffsjurisprudenz）的控诉。1906 年，在《德国民法典》颁行不久之后，康特洛维茨（Kantorowicz）以格涅乌斯·弗拉菲乌斯（Gnaeus Flavius）为笔名，在《为法学而斗争》一书中发起了旨在反对当时法律人司法实践的论战。大约在二十世纪之交的南非，关于应当采用英国法还是采用罗马－荷兰法（Roman-Dutch law）这一棘手问题的辩论，也是在使用虚假姓名的情况下进行的（Smits 2002a，165ff.）。

对创新性研究的重要性，再怎么评价都不过分。尤其是，高等院校中的学术研究应当挑战现有的知识，提出创新性的观念。任何称职的研究人员应当主要由他的求知欲所推动，由他对于发现新事物的渴望所激励，而且在面对具有挑战性的既有体制时应当毫无畏惧。就像第一波抽象派画家或者无调性作曲家那样，具有天赋的研究人员必须努力不要简单地模仿前人，而必须力求创造出新的东西。倡导相反的方向就好比希望诸如迪·萨德（De Sade）、罗伯·格里耶（Robbe-Grillet）和约翰·马克斯维尔·库切（John Maxwell Coetzee）这些不同的作家采用相同的方式撰写同一主题的文学作品那般。不幸的是，法学门外汉和一年级法科生的普遍观点并非是法学就如天体物理学或神经系统学那般提供了诸多可能性。与此相反，他们似乎普遍认为，在逐渐了解法律及其体系的同时要摒弃一种好奇的姿态。研习法律往往意味着人们学习一种法律体系中确定的知识，而无须问询何以可能把事情做得与众不同。显然，这种做法无法应对法律问题所提出的智识挑战。

就此，可参见 Posner（1990，431 – 432）。此外，阿姆斯特丹大学的拉格戴克教授（Lagendijk 1997）强调指出，在物理学中，“做与当前的实践相反的事情”将会使你赢得诺贝尔奖。因此，在我看来，一位优秀的研究人员乃是一名离经叛道之人，且其写作正如理查德·波斯纳曾经所说的那样，“不是为了辩护，而是为了被指责”。根据波斯纳的观点，教义式的方法不再能够满足独创性的要求：在他看来，将新的立法和司法判决融合进一套教义型体系当中的做法与法律实践走得过近，且即便此等做法算不上“守旧、过时和令人厌倦的”，它也只是“更多地服务于追随者而非领导者”。在我看来，教义式的方法本身并不存在太大的问题，它也可以充满创造性，例如，当它在一个特定的新领域中组织现有材料的时候（亦参见上文节码 8 所列举的诸多例子）。然而，这种类型的研究是派生性的，因为它并没有提出它自己的问题，而是倾向于对权力机构所作出的决定进行评论。与此相反，研究人员应当具有他自己的研究议程（Rubin 1988，1883 and Vranken 2006，115ff.）。

51. 不同类型的创新性研究

尽管创新性研究格外重要的地位现在已被确定下来，但是我们还必须解决究竟何为创新的问题。在我看来，通过采用不同的方法，法学研究也可以具有创新性。如果认为一种研究类型要比另一种研究类型更好，那就错了。近来，在一篇重要的文章中，马蒂亚斯·西姆斯（Mathias Siems）展示了许多不同的可被视为具有创新性的法学研究方法。

> 西姆斯（Siems 2008）通过将其划分成四种不同的类别，进而兴趣盎然地描述了可被称为创新性的法学研究究竟是什么。首先，借助微观视角来对产生于诸如一项立法、一部法典或者一份法院判决的某个特定法律问题进行的分析。它们可以着眼于对一个现有问题进行创新性的分析或者也可以提出一项原创性的解决方案。因此，创新可以存在于不同的事物之中：不但存在于在（产生此问题的）内国法律体系内部寻求融贯性中（例如卡纳里斯在德国法中发现了信赖原则：参见上文节码 8 和 Hoeren［2001，377ff.］），或者存在于在欧洲法中寻求比例原则的融贯性中（Van Gerven 1999）；而且还存在于展示一国的解决方案与外国的解决方案有何关联（正如比较法那样）、一国解决方案与之前已有的方案之间存在何种关系（正如法律史那样）中，或者存在于它如何契合某种法哲学观念或法律经济学观念中。
>
> 在宏观层面上，许多法学研究方法在解决问题上也可以具有创新性（Siems 2008，152）：在这一层面上，法学研究并不涉及与某项法律或案件存在关联的一个特定问题，而是涉及一般性的概念、问题和原则。举几个例子，包括但不限于如下这些：提出崭新的法哲学基础（正如约翰·罗尔

斯和罗纳德·德沃金在其著作中所做的那样）；确定何为法学的范围与何为法学的方法；解决如何最好地设计欧洲私法，以及解答究竟是开放性规范还是具体性规范更有利于法律发展的问题。使用一种崭新且融贯的方法（或者使用一种被证明缺乏融贯性的方法），重新撰写一部论述合同法或者刑事诉讼程序法的教科书，同样也具有创新性。

西姆斯（Siems 2008，156 ff.）所划分的其他两种类型的创新性法学研究更加接近于其他理论领域的研究，因此更加经常为非法律人所实践。正如莱维特和多诺霍（Levitt & Donohue 2001）早先所探讨的堕胎合法化对犯罪所造成的影响那般，实证性的法律经济学（探讨某项法律规则对于社会福利的影响）就是这方面的一个例子。另外，仅仅将法律本身视作一种考量因素而去研究一个更为一般性的主题也是可能的。事实就是如此，如果人们解释了某一社会现象（例如究竟是什么因素导致了特定国家的犯罪率居高不下），在这种情况下，法律和其他因素（包括但不限于教育、收入的平均水平以及人口组成）一起都只是被纳入考量的因素之一。

在此必须强调的是，一种创新性的研究（例如微观层面上的分析）不必然比另一种研究类型（例如实证性研究）更好。许多高等院校和基金组织有时会倾向于参考某些类型的研究，因为当追求它们自身管理的优先考虑事项的时候，这些研究类型与其他研究类型相比质量会更高，但是这种做法并不完全正确甚或并不公平：尽管不反对个别的法学院或者基金组织特意地选择促进某种类型的研究，但是他们不应该认为只有某种类型的研究才具有足够好的质量。对此，亦可参见下文节码 61。

52. 法学是否可以带来进步？

接下来的一个重要问题便是，法学研究的创新是否也可以带来进步。在许多“硬”学科中，创新性研究的重要意义总是会被强调，对于科学的普遍看法是知识的总量会随着新发现的增加而增加。尽管如此，积累知识的图景——意味着前人的许多观念会被否定并被有时具有变革性的创新观念取而代之——似乎只适用于以明确的范式作为特征的领域。法学——至少在规范性法学中——并不具有像这样的一种无可争议的知识的核心（由此，关于何为进步的观念往往被比作此种核心）。正如托马斯·库恩（Thomas Kuhn）所说的那样：不同于“普通的”科学家，一位人文科学的学者要面临着各种各样的问题，而且“在他面前不断存在大量的相互竞争的、不可通约的解决办法以处理这些问题，最后他必须自己评价这些解决方法”。这就使得根据自然科学的标准来判断法学是否可以带来任何进步，即便并非不可能，也会变得异常困难。

参见 Kuhn（1970，165）。科学进步的观念（由此不但推动了法律的发展，而且也促进了法律的完善）与十七世纪的理性实证主义——通过实证的检验可以获得崭新且更好的知识——存在紧密的关联（参见上文节码 44）。然而，如果实证检验是不可能的（正如在法学中那样），我们就无法再谈论进步了。话虽如此，然而如果不存在异议的话，这种特殊的进步观念将肯定会受到缜密的考察。这也是沃尔尼·盖伊（Volney Gay 2009）在研究人文科学中的进步问题时所得出的结论。他的结论是，科学与人文科学存在根本性的不同，并且声称文化对象（cultural objects）只有在它们的语境当中才能得到研究，而且人文科学唯一可以取得的“进步”是赋予现有的信息以崭新的含义。

关于在社会科学与人文科学中范式缺失的论述以及关于硬科学如何借助变革性的范式转移引致进步的论述，可以参见 Kuhn（1970）。一旦形成某种范式（作为普遍公认的能够为研究人员共同体提供典型问题和解决方案的一套科学成就），其余的工作便是解决困惑。这就解释了为何自然科学非常重视提出实质性的研究问题，进而在诸如物理学那样的学科的范式性标准模型内部“解决”这些问题（自十七世纪以来，这种模型在本质上一直都是理性实证主义）。由此可见，最令人感兴趣的问题是解决（在库恩的意义上）那些与所建立起来的范式不相符合的异常现象。在这种情况下，现有方法的使用并不会导致产生一种解决方案（正如目前物理学家之间对于弦理论的争论所证明的那样）。这是一种非常重要的观念，因为法律学者和其他学科的代表人物在探讨方法的作用之时，有时会发生彼此的误解（参见下文节码54）。

比“进步”这个词语更好——暗示着陈旧的观念必然会被摒弃——“进化”这个中性词反映了法学中的发展是如何进行的。法学的变迁发生于一种只有实用的论据（或者概念或者规则）才能幸存下来的竞争过程之中。尽管如此，法律制度却绝不会完全消失，而这对于规范性法学而言极其重要：过去某个实用的论据、概念或者规则在未来能够再次变得重要起来，这就类似于在抽象主义艺术家的首次浪潮之后写实主义艺术家卷土重来那般。

上文节码27已对进化性的方法作出了说明。这也就意味着，对于法律规则的任何证伪都是不可能的：如果法学被描述为处理具有彼此冲突之论据的学科（参见前文第三章），那么这些论据的正当性就不会受到法院或者立法机关的反驳。唯一可能的结论是，特定的论据会更加适合某个既定的规范性环境（例如一国的法域），而这里的“更加”意味着，它更为有利于实现外在于法律的某个目标（例如效率）或者意味着它具有更强的解释力（例如，“法律行为”这个术语可能有助于指明某个合同、某份遗嘱和某种意识表示等不同法律现象所产生的诸多共同的影响）。在这一点上，需要意识到的是，卡尔·波普从未曾将证伪的观念运用到法律或者道德之中（Wendt 2008，64）；对此，亦可参见 Ulen（2002，9）和 Jansen（2005，772）。更为重要的是，证伪在法律中不仅是不可能的，而且也没有必要。在实证科学中，尽管只有非证伪的猜想才能产生真正的知识，但是法学家知道法律材料从来都不是沉默无声的：人们总是可以找到支持或者反对某种解决方案的不同论据。

法学的非累积性特点还具有另外一个后果。在以现有知识为基础的学科中，指出仍然悬而未决的问题一般不会存在太大困难。比如说，一位数学或天文学的一年级学生可以直接罗列出在某个时间点其学科正在努力“解决”的一些难题。相较而言，规范性法学则存在根本上的不同。首先，法学不存在解决不了的问题，因为现有的材料至少一直允许产出某个解决方案。然而更为重要的是，此种解决方案的准确性可不断地经受辩论和审视。因此，法学中的创新乃是通过从多种角度对不同论据加以权衡所产生的。

数学为我们提供了有关（至少现在仍旧是）无法获解之问题的一个例子：对于所谓的庞加莱猜想（Poincaré conjecture）（在 1904 年提出）的证明：“任何看起来像球形的事物，就是球形的”，或者“任何一个单连通的，闭合的三维流形一定同胚于一个三维的球面。”在 2002

年，俄罗斯举止古怪的数学家格里戈里·佩雷尔曼（Grisja Perelman）证明了庞加莱猜想，并且迅速获得了菲尔兹奖（参见下文节码60），同样，他很快又拒绝接受该奖。这样的发现在法律当中是不可想象的：充其量也只是过去使用的某种论据在新的环境或者在已发生变化的社会中盛行起来。正如前文已提到过的那样（参见上文节码37），尽管这些论据也能够来源于法律领域之外的其他学科，但是在具体的非法律知识之于回答这样的规范性问题之上具有怎样重要的实际意义，应当始终给出全面详细的分析。

当然，这并不表明，法律研究者不应该清楚地指出新研究与以往的研究存在怎样的联系。高等院校中的法律学者们总是经常纯粹地复制早于他们的其他人所做的研究。对于他们而言，阐明源于他们自己研究的诸多新观念究竟为何其实更为重要。

第三节 法学与方法论

53. 导言

近来，法律学者们使用的研究方法已经受到诸多关注。这种关注部分来源于智识上的求知欲（“作为法律学者我们能做什么？特别是我们要如何做？”），同时也部分来自现实的目的。现实原因背后的逻辑在于：其他学科的执业者往往能够正确恰当地指出他们在做研究之时使用的方法，而这与法律学者不同。法律学者经常不断地克制自己不这样做，以避免在与诸学科的竞争中丧失经费和声望的风险。

我们可以看到，许多国家越来越关注于法学的方法论。德国的情况，可参见 Engel & Schön （2007）和 Bernhart（2008）；英国的情况，可参见 McCrudden（2006）；荷兰的情况，可参见 Van Gestel & Vranken（2011，925ff.）。弗兰肯（Vranken 2006，94）就曾指出："法学研究的对象是什么？为什么以此作为研究的对象？该研究的对象与现有研究存在着怎样的联系？……开展法学研究最好的方法是什么？"对此，亦可参见 Van Hoecke（2011）。在美国，爱泼斯坦和金（Epstein & King 2002，11）提出了一种相似的说法，尽管他们的结论范围仅限于法学家开展实证性研究的情况："正如几乎所有开展实证性研究的其他学科那样，法学重要到足以拥有一门致力于关注方法论的亚学科。"对此，可参见 Rhode（2002）。

尤其是，在其他学科的代表人物看来，法律学者经常使用一套不甚明确的方法论。这在一些基金组织——例如德国科学基金会（DFG）、英国经济与社会研究委员会（ESRC）、英国艺术和人文学科研究委员会（AHRC）和荷兰科学研究组织（NWO）——对研究议案的评估中表现得非常明显。所有这些基金组织（也像美国国家科学基金会的社会、行为和经济科学理事会那样）日益通过许多跨学科的专门小组来对有关研究经费的提案作出评估，这些专门小组不仅包括法学家，还包括经济学家、心理学家和其他学者。就荷兰的情况而言，对有关研究经费提案的评估确实是在一个越来越高的层面上进行的。在 1995 年之前，法学在社会科学这个部门之中设有它自己的专门小组，然而自此以后，将学术领域划分成多个部门的障碍已然不复存在。之所以如此，其目的就在于，明确统一的评估程序，避免遵循保护特定领域的机制以及力求刺激跨学科的研究。由此造就的结果是，法学家

> 现在不但必须同经济学家和心理学家竞争，而且也必须同社会学家、人类学家以及在政治科学和管理学领域中工作的同行们竞争。尽管这对于打破这些学科之间的壁垒具有明显的优势，但是这一问题仍然持续存在，即法律人难以说服其他领域的同行们相信他们自己的方法论具有正当性。

在这一节，首先要解决的一个问题是，明确的研究方法之使用在法学中能否与在实证科学中起到相同的作用？如果不能，那么存在什么可选择的方法（节码 54）。随后，本人不但主张在法学研究中需要一种更好地作出选择的正当理由（节码 55），而且还主张从一种明确的研究问题的重要性角度看待法学研究（节码 56），主张秉持某种方法本身不会优于其他方法的一种方法论层面上的多元主义（节码 57）。诸如经济学和心理学那样的学科业已经历的发展，将会说明为何有关这个问题的任何其他观念都只不过是一种臆想。

54. 研究方法与法律

如果一种方法乃是实现某个预定目标的方法，那么一种研究方法便是为如何开展研究提供规则的方法：它指明如何获取知识以便解答某个问题。这就意味着，一种研究方法具有两个前提：其一，必须存在一个值得解答的问题；其二，如果已经遵循特定的方法，对于这个问题的解答只会被认为具有可靠性。“偶然地”发现正确的答案并不足够：相对于其他方法，为得出答案所采取的方法必须是可验证的。如果这种对可验证方法的要求得到了法律学者的重视，那么这就意味着，只有通过这种方法获得的知识才能够被公认为是可靠的知识。

> 从普遍公认的规则意义上说，必须把某种获取法学知识的方法与其他几种法学“方法”区别开来。因此，经常

被提到的一种关于“法律思维”的方法（参见 Mastronardi 2001；Schauer 2009 和上文节码 28）或者意在发现法律（Rechtsfindung）的方法（探索法律推理的方法），或者使一项判决正当化的一些相似的方法。如果（正如一种依然具有影响力的观点所主张的那样）法律学者的活动无法在根本上区别于法官的活动，那么发现法律和正当化法律的这些方法也就会被视为学术性的方法。就此，可参见 Larenz（1991, 6 ff.）。最后，还存在一些更加实用的方法（“技能”），例如如何发现立法、判例法和著述，以及如何论证、援引法律渊源以及解释法律文本。德国的情况，可参见 Tettinger & Mann（2009）；法国的情况，可参见 Bonnet（2006）；荷兰的情况，可参见 Ijzermans & Van Schaaijk（2007）。

法学在多大程度上也受制于此种方法论层面上的要求之限制？这一问题是能够得到证明的，因为使用一种科学方法所获取的知识会比不使用科学方法所获取的知识更加可靠，这个观念就是源自实证性学科。在实证性学科中，通常认为，一项研究结果必须是可验证的甚至是可复制的，从而反对一切认为事实观察可能导致证伪或者数据篡改的观念。就严格的方法论要求而言，人文科学通常并不必然能够满足，至少在社会科学中是存在争议的。考虑到这个事实，我们甚至就有更多的理由来问询法学是否应当受制于一种严格的方法论上的限制。

对于卡尔·波普（Popper 2002）而言，一个学术领域作为科学的条件取决于可证伪的方法能否引起知识的积累。由此，对于这种特殊方法的使用便成为一项区分的标准：它使得我们能够区分科学（通常是经验性的）知识和其他知识。这并不意味着，在波普看来，若不能通过可证伪的方法发现，知识便无法通过采取任何其他的途径来获得。在一些欧陆国家，包括荷兰，这种观点借助于阿德里安·德·赫罗特（Adriaan de Groot）的著述逐渐成为自然科学以外颇具影响力的观念。他在1969年出版的论述行为科学方法论的著作影响了数代心理学家、社会学家和其他领域的学者。德·赫罗特强调了一种理性科学模型的重要性，在此模型中研究者必须一直通过可检验的猜想提出他自己的观点。随后，他必须在他所谓的“实证周期”（empirical cycle）中对这些猜想进行检验：一项研究首先要观察经验事实和提出猜想，随后进行经验检验和评估他们提出之理论的有效性。对于非实证性学科方法论的阐释，亦可参见John & McIver Lopes（2004）和Leezenberg & De Vries（2001，83）。

在我看来，规范性法学方法的功能不会与实证性学科方法的功能相同。后者使用的方法可以排除所有的不确定性：正因为遵循了特定的方法，对结果的准确性便不会再存在任何怀疑。遵循相同方法的其他任何人都将取得相同的结果。这在根本上不同于规范性法学：对于任何方法的使用都不会排除怀疑，反而——正如本书第三章已经详细论证的那样——将会引发一场新的讨论。换言之，对于特定方法的使用并不会使得规范性问题的答案更具有“学术性”，而且通过特定方法获取的知识并不会因为这个原因而存在较少的争议。

这并不意味着，在法律学科中不可能获得客观的或者可靠的知识，而是意味着，法学知识的获取使用了并非研究方法所严格规定的其他方法：法学主要是由学术共同体（讨论平台）决定可被视为可靠的知识究竟是什么的一种实践。

知识之所以可以形成，要么因为通过某种明确的方法获取，要么因为被学术实践所公认（参见上文节码21）。与许多人文科学和社会科学一起，规范性法律学术可以被视为这样的一种实践。在这些学科领域中获取的知识并不亚于经验知识——这只是一种不同类型的知识。这种观点也为约瑟夫·威廉·辛格（Singer 2009）所认同，他告诉我们规范性论据不需要确保无懈可击以提升它的价值。杰出的德国学者卡尔·拉伦茨（Karl Larenz 1991，6–7）也同样表示，法律学术的客观性存在于它所具有的“进一步发展现有的价值判断、阐明这些判断以及将在某些限定范围内必须作出的任何新的价值判断与现有的价值判断联系起来的能力”。在这一点上，存在的限制在于人们不能达到“像数学或者进行一场物理实验那般程度的确定性和精确性”。

决定何种知识可被视作客观的知识（所谓“学科的客观性”）的学术共同体乃是波特（Porter 1995, 3 ff.）所区分的“客观性诸文化”之一。这种对于共同体的看法意味着，任何见解都必定成为一场持续进行的讨论的组成部分：即便不能确定某种见解的“正确性”，但至少也要在学者之间就何谓正确的观点达成共识——这种说法与托马斯·库恩所主张的范式非常类似。当然，对于特定的合情合理的观点必然会存在共识，但是这种共识却并不是唯一可能的观点。例如，巴克豪斯（Backhouse 1997，41）就认为这样的一种观点是具有决定性意义的：如果它在某篇文章中首次被提出，随后又被其他人所讨论并且最终在某本教科书当中被论及的话。这便使得任何一门学术科目成为一个“自我修正”（self-correcting）的过程（Leezenberg & De Vries 2001，17）。同时，帕特森（Patterson 2001）强调指出可以被视为客观的并被称为可靠的知识是什么完全取决于所探讨的领域。

55. 使选择明确化

上一部分对规范性法学研究明确确定的方法所具有的重要性秉持了保留的态度。然而这并不表示，对于法学研究人员而言，清楚地说明他们研究的确切主题（“研究的问题”）、该主题为何会形成（“研究目标”）以及研究人员如何处理这个主题（“研究方法”），就毫无用处。这是任何学术领域对以一种透明且合理的方法呈现研究从而增强研究结果的可靠性和研究质量的要求：在有关法律的任何文章中都要作出选择，而且只要这些选择对于学术共同体而言不是不证自明的，那么使得这些选择明确化将助益于研究人员和文章的读者们明晰所研究的内容究竟是什么。

> 关于法学研究方法论的讨论，往往被看作一个研究质量的问题：将注意力更多地放在提出一个精准的研究问题和相应地解答该问题的一种方法上，将会促成高质量的研究。尽管如此，正如上文节码 54 所证明的那样，在此处，法学研究的方法论被不合理地认为发挥了与具有区分可靠知识和不可靠知识之潜力的实证科学方法论相同的作用。除此之外，这种观点也同样面临方法论者经常对于法律学者所提出的相同的诟病：缺乏一种经验基础。在经验上，我们很难确定未基于一种明确方法论基础的研究之质量不如基于一种完善方法论之研究的质量高。无论如何，当今的法律学术界似乎并不是根据对一种明确研究方法的使用来判断学术研究的质量，而是越发强调同行审查、积极肯定式的书评或者学者的声望。一种类似的观点，可参见爱波斯坦和金（Epstein & King 2002）在 2002 年第 1 期《芝加哥大学法律评论》专号上所作出的回应。

法学研究并非足够的明确，特别是涉及讨论如何评价某个司法判决或某项立法之时，更是如此。这种评价往往不是以法律体系本身作为基础（其中最重要的标准就是一种要素与该体系中的其他要素发生关联的方式），而是以某种难以衡量的法律标准（“法律的确定性”“社会正义”等）甚或一种法律之外的标准（“企业当事方的利益”“什么有效？”）作为基础。有鉴于此，明确这种评价标准的具体要求是什么很有必要。

就此，波斯纳（Posner 2000，69）、弗兰肯（Vranken 2006，94 ff.）和蒂森（Tijssen 2009，75）皆发表了相似的观点。在此等语境下，后者提到了一种评价框架的重要性。人们也可以希望法律学者在就法律变迁所带来的影响发表见解之时能够更为谨慎，比如说，声称堕胎合法化导致犯罪率的下降（参见上文节码16）；某些审讯手段造成了越来越多的虚假证词；或者声称民事诉讼程序中的迟延是由程序法的修改所导致的。

爱泼斯坦和金（Epstein & King 2002，38）专门批评了法律学者所开展的这种“实证性”研究。他们提出的最重要的批评在于法学几乎不可能满足可复制性的要求：“其他的研究人员应当能够对研究进行理解、评价、确立和重现，而不需要从作者那里得到任何其他的信息……很遗憾的是，法学研究的现状几乎总是无法通过这种最基础的考验。”在爱泼斯坦和金看来（两人均为政治学家），研究人员的个性完全没有意义：“以‘我认为’或者‘我相信’为开头的语句并不重要”（第45页）。然而，根据前文所主张的实证－规范性方法（节码39），与经验知识的冲突能以一种更为自由的方式出现。这些知识并不是用来发现真理的，而是作为在一个现有法域的实践中业已经过检验的论据。有关爱波斯坦和金所主张的“隐形科学家”（invisible scientist）的观念，亦可参见 Shapin（2008，6）。

传统的教义式研究也能够从对于所力求解答之问题予以清晰的阐明中获益。此种类型研究的目的通常在于塑造法律体系中新的立法或司法判决，或者通过采用不同方法对现有材料加以分类而建立起一种全新的法律体系。尽管如此，这些看似常规的活动也需要作出诸多的选择，比如说，应当使用哪些材料（仅仅使用由各国权力机构生产的材料，或者也可使用欧洲和外国的立法和判例法，甚或私人规制），以及如何系统化这些材料。

这是因为系统化可能以不同的方式进行，例如萨维尼（Von Savigny 1840—1848［1979］）、拉伦茨（Larenz 1991，474 ff.）、卡纳里斯（Canaris 1983）和麦考密克（MacCormick 1978）等学者就是采用不同的系统化方法。除此之外，对于如何确定法律体系内部连贯性的问题，也值得利用此种系统化的方法进行说明。

重要的是，要强调这种研究的目标不必是解决某个社会问题或者是更好地认识社会。由此造就的结果可能是，法律只能作为一种工具而非作为一种独立的体系被加以研究［正如爱波斯坦和金（Epstein & King 2002，60）的研究事实上所表明的那样］。同样，蒂森（Tijssen 2009，74 ff.）亦正确地指出，评价框架也可以是法律体系本身，例如当新的材料被纳入这个体系之中的时候。

56. 需要一个明确的研究议题？

当然，上述结论并不意味着总是需要硬性设定一个“研究议题”，同时也不意味着必须遵循对其方法所作的同样硬性的描述。正如人文科学和社会科学中优秀的研究那样，法学研究往往具有修辞性的力量（rhetorical power）：如果“富有创造力的法学家”认为无法依循实证科学模型来提出他的研究，那么这种说法完全是合理的。

之所以不应过高估计对研究议题予以明确阐明的重要性，最为重要的原因就是非实证性学科无须对猜想进行检验。人文科学和法学更经常地关注——采用费迪南德·菲尔布鲁格（Ferdinand Feldbrugge）的话来说——“对于这样一种更为广泛领域的探究，在其中至少从一开始就没有提出具体的问题而只是观察和描述一种更为广泛的现象。因此，此等过程可能会产生出各种可选择的方法以便进行深入的研究……研究人员就像十九世纪的一位探险家，进入到在手头的地图上还处于空白的一个领域。他并不真正地清楚他正在寻找着什么。”

> 参见 Feldbrugge（2003，vii）。当他开始着手撰写《法律的起源》（*The Law's Beginnings*）一书时，他对于如何丧失掉一个鲜明的主题进行了解释。起初，他的兴趣点在于研究有关“早期法律”的“某些东西”，以求解决诸如以下一些问题：“在法律演进过程中，法律摆脱自身与社会生活其他方面的密切关系之时发生了什么？”“法律在何种条件下‘开始’存在？”“印度、希腊、意大利、爱尔兰、弗里斯兰、俄罗斯和美索不达米亚等诸古代法域之间是否存在相似之处？”换言之，研究的具体问题只有在做过研究之后才会变得明晰起来。
>
> 被学术界视为重要的研究，往往遵循了菲尔布鲁格所提出的研究套路。因此，像约翰·罗尔斯的《正义论》（1999）、

约翰内斯·肯德根（Johannes Köndgen）的《没有契约的自我约束》（*Selbstbindung ohne Vertrag*）（1981）和莱因哈德·齐默尔曼的《债法：民法传统的罗马法基础》（1990）这样的诸多著作都缺乏一个明确的研究议题。罗纳德·科斯的《社会成本问题》（1960）是法律经济学领域当中最具影响力的文献之一，但同样也没有提出一个较为鲜明的问题：它只是采用菲尔布鲁格所提倡的方式在开篇描述了这篇文章是关于什么内容的。

这并不意味着，一旦研究结束就不能再提出一个研究议题。相反，实际上它意味着，这只能在事后成为具有创造力的研究人员——经过阅读、写作、反思和讨论——所做研究的一种正当化的解释。研究议题、采用的信息来源和研究主题形成三位一体，并且它们在研究的过程中一起不断地获得完善。当然，提出一项研究议题是一种很有效的方法，迫使研究人员首先划定研究主题。在许多情况下，采用事后回答问题的形式来提出论据，也能够具有修辞性的力量。然而，这并非是产生创新性研究或者高质量研究的秘诀。

莱泽伯格和弗里斯（Leezenberg & De Vries 2001，66）指出，关于研究议题与研究方法的方案（scheme）只是理性实证主义者对于研究过程的一种“重构”，被不合理地视为优良的研究设计方案的一个秘诀。这就忽视了像这样的设计方案只是关注知识的合理性而不关注其如何获取这样的事实：对知识的合理性之要求与对知识的发现之要求不可混为一谈。换言之，如果某人能够根据方法论者所设定的方法提出一个研究议题，那么这个人就很可能已经知道答案了。采取这种方式进行研究，可能不会带来多少乐趣；对于其他反对理由的相关论述，亦可参见 Backhouse（1997，8 ff.）。

任何优秀的研究人员的经验就是，创新性的研究（上文节码50论述了创新性研究的重要性）往往取决于一些偶然的“发现”，例如在图书馆（往往不是通过查阅与主题直接相关的书籍或杂志）、在网络上，或者从与同行（也包括其他学科的学者）或学生的讨论中推演而来。浏览信息的重要性也导致“纸质的”法律杂志完全被电子的法律杂志取而代之（参见下文节码59）。

自然科学中的重大发现经常不是产生于事先提出的猜想。这不但对于范式转移来说是如此（库恩1970; 牛顿的发现并不是建立在亚里士多德《物理学》的基础之上），而且对于缺乏创新性的发现来说也是如此。更为常见的情况是，一名训练有素的学者“观察到了”某种现象，他并不清楚他究竟在寻找什么，但是——得益于他的“实践智慧”——他看到了如何能够取得进步。列文虎克（Leeuwenhoek）没有发明显微镜，因为他过去一直在寻找它，豪斯医生（Gregory House MD）并没有作出正确的诊断，因为他因循了某份医学报告。优秀的研究者必须为往往被称为“有根据的瞎搞”（informed messing around）或者“无指导的行事”（unguided play）预留空间：他必须被允许自由地鼓捣，并在相同的材料中洞察出其他人所无法看到的东西。

57. 方法论的多元主义

上文的讨论已经显示，法学可以使用许多不同的研究方法而且一种方法并不必然优于另一种方法，这并不令人感到意外。必须使用何种方法完全取决于研究的目标。如果人们的研究目标是将现有的材料纳入法律体系之中，而不是试图建立一种崭新的法律体系，那么就必须使用另一种方法。若某个人对解释某个司法判决感兴趣，那么他就会采取有别于意欲研究司法判决对个人行为之影响的其他人的方法来解答这个问题。

正如上文节码55所指出的那样，对于学术著作的评论家或者读者而言，期望学术著作充分地披露所使用的方法是很合理的。这是一个关乎透明度的问题。同时，基于类似的理由，法律学者不仅应当陈述支持他立场的论据，而且还要陈述反对其立场的论据。除此之外，法律学者应当具有独立性（也就是说，他在采取某种方法论证观点时不带有一种专业的、经济的或者个人的利益）并且准确地指出他的研究方法。

在过去的半个世纪中，经济学和心理学的发展已然证明了维持这种方法论的多元性具有多么的重要的意义——因此，不要将法学方法完全换成其他学科的方法。这两个领域（或者至少那些被视为最负盛名的部分）现在都严重依赖于实证方法和数学方法。

在过去的五十年里，这两门学科各自都引发了一场激烈的方法论之争。这导致数学方法在经济学中取得了一个饱受争议的胜利（Debreu 1991），并且导致心理学强调认知模型（cognitive models）的重要性。诺贝尔奖获得者乔治·斯蒂格勒（George Stigler 1963，1ff.）所注意到的数学方法在经济学中的支配地位，便是众多经济学家看待这种发展的代表性观点："我们现在已经进入到了全部数量化的时代。我们现在拥有充斥各种定量分析技术的武器库——较之于非专业性的常识——可堪被视为以大炮取代了弓箭。……这是最大量级的科学变革……我确信经济学最终将达到其黄金时代……”有关于此，可参见巴克豪斯（Backhouse 1997）和摩根（Morgan 2003）的论述。

在过去五十年里，心理学领域也早已从一门理论性的学科转变成一门与自然科学存在着较强关联的经验性学科。著名的荷兰心理学家汉斯·克罗巴格（Hans Crombag 2006）阐明直到二十世纪六十年代心理学研究才如何开始关注心智（psyche），以及将注意力更多地投向情感而非硬事实（hard facts）之上。一个人的人格应该由多层深度（layers of depth）组成［即所谓的层次理论（Schichtentheorie）或者人格分层理论］，包括生机底层（Lebensgrund）（与存在相关的本能需求）、情感内层（endothymer Grund）和人格表层（personeller Oberbau）。心理学研究的目标就是要找出每一个层次中情感的位置，这种类型的研究采用填写问卷调查的方式进行。伴随着这一变革产生了斯金纳（Burrhus Frederic Skinner）的行为主义理论：唯一可被信赖的是可被观察的东西，人们谈及有关他们动机的任何东西都是不可信赖的。

经济学和心理学两门学科的这种转变导致了研究对象愈来愈受制于某些可被复制（正如经济学那样）或者可以提供经验证据（正如心理学那样）之事物的情形。在大多数人看来，没有使用这些方法的研究逐渐变得不再那么具有声望。在阿什（Ash 2003，260）和波特（Porter 1995，17）看来：“在心理学家中，正是较差的研究者才会专长于更多的人文科学分支：那些与二流人士为伍的领域……”

我之所以举出经济学和心理学的例子，是因为如果法学按照相同的方向发展的话，那么这将是一个相当没有吸引力的前景。法学应当强烈地避免模仿这些学科的方法。追随它们的脚步只可能会导致在与其他学科的争夺战中惨遭失败。与此相反，法学应当将关注的焦点置于它自己的优势之上。这也正是经验性学科的软肋所在：思考身处我们社会之中的人们在法律上应当做什么并且提供确定此等问题的方法。克利福德·吉尔兹（Clifford Geertz）采用如下方式概括了这种观点："对于一般的、抽象的和不取决于情境条件的理论之追求，对于精准的预测性之追求以及对于普遍适用的、'客观主义式'方法之追求，都被错误地用于旨在揭示人类为何思考、感觉和行为的研究之中。然而，欲求找到我们如何学习、我们如何与其他人发生关联，我们如何理解发生在我们身边的事情，皆需要更多的、独辟蹊径的其他方法，而不能仅仅局限于自诩为'硬科学'的评价和因应方法（size-up-and-solve mentality）。"

参见 Geertz（2001）。波特（Porter 1995，5）指出：数量化"简单地回避了深层次的和重要的问题"，并且使得学科之状况较之以往更加糟糕。在这一点上，本特·弗林夫伯格（Bent Flyvbjerg）针对社会科学转型所作出的呼吁，亦可适用于法律学科。弗林夫伯格（Flyvbjerg 2001）强调指出，如果他们被自然科学的研究模式牵着鼻子走的话，社会科学家将必定在关于他们学科重要性的辩论中失败。相反，他们应当强调他们对于人类知识所作出的独特贡献；对此，亦可参见上文节码 44。这也是一场重要的公共辩论：在 2009 年 6 月 14 日出版的德国《法兰克福汇报》(*Frankfurter Allgemeine Zeitung*）上，83 名经济学教授发出了这样痛心疾首的控诉：大学的经济学教授职位正在日趋被计量经济学家和数学经济学家所占据，而这些人对于与德国或欧洲经济有关的政策问题兴趣索然。作为回应，188 名其他的大学教师作出还击并声称，前者想做的显然是要在经济学这样一个高度国际化的学科当中走出一条德国的"特殊道路"

> （Sonderweg）并为了政策导向的研究工作而牺牲学术上的卓越追求。
>
> 戴尔德·麦克科洛斯基（Deirdre McKloskey 1983）指出，尽管经济学家表面上都假装信奉硬方法（hard methods），但实际上，他们所使用的却是更为传统的论证技巧。运用较高声望的方法所获取的知识并不足以解答许多重要的问题。

重要的是要作出这样的强调，我也支持在法学研究中在目前的基础之上应当更大程度地使用实证性方法：这会产生激励性和创新性的研究。然而，当试图回答法律学科中的某类问题之时，这种类型的研究是非常有帮助的。我强烈反对这样的观点，即认为通过使用实证性方法所获取的知识更加可靠，或者强于通过较为传统的研究方法所提供的知识。

> 令人存疑的是，有些学者——尤其是那些践行实证性科学的学者——只把一种方法（也即他们自己的方法）当作一种万能的灵丹妙药。著名的美国生物学家爱德华·威尔逊（Edward O. Wilson 1998）主张，一方面必须及早消除自然科学之间存在的分歧，另一方面必须及早消除人文科学和社会科学之间存在的分歧。然而，在他所提出的综合分析中，自然科学的方法——直接指向物理感知（physical perception）——却占据着支配地位。关于对威尔逊所秉持的知识统一性的化约式观点之批判，可参见 Stephen Jay Gould（2003）。令人感到诧异的是，在休谟（Hume 1748［1975，165］）对知识发表了如此见解——“知识包不包含任何关涉数量或数字的抽象推理？不包含。知识包不包含任何关涉事实和存在的实验性推理？也不包含。那么，便可以将其付之一炬：因为它没有包含任何东西，而只包含

诡辩和臆想”——之后经过了二百五十余年，这种还原论（reductionism）仍然还具有着这般的影响力。似乎可以有把握地得出这样的结论：推行实证性方法乃是提供唯一“真正”知识之方法的观念，已经被证明是一种为金钱和声望而战的非常成功的策略。这也可以解释自然科学家通常过于频繁地出现在一些富有盛名的国家研究奖（例如德国莱布尼兹奖和荷兰斯宾诺莎奖）颁奖典礼上的原因所在。

第四节　法学圈中的研究文化

58. 导言

这一节要探讨的是法学圈中的研究文化，对于一套丰富的法律话语而言，这一个主题如同法学研究必须满足创新性的要求（第二节）和明确它的目标和方法（第三节）那般重要。此处的关注点在于通过这样一种有利于满足学术界需求的方法来组织研究（和教学活动）。这个关注点便决定了应当采取何种视角：对于决策者而言，不是如何使研究尽可能地具备可操作性和可控制性，而是如何通过这样一种满足学者自身需求的方法来对高等院校进行设计。有鉴于此，本节将先后着力探讨研究项目（节码 59）、基本研究的重要性，以及如今的市场导向型因素是否会对这些目标造成限制（节码 60）。在此之后，描绘一种可选择的方法或至少大致勾画出它的轮廓（节码 61）。最后一个部分将要着力探讨法学教育问题（节码 62）。

有些读者可能会认为，以下的论述意图在研究与教学活动中追求一种毫无希望的、过时的、不切实际的理想。或许在四十年之前，这甚至可能会被认为是一种老生常谈。然而，我认为，在学术研究中重新树立起一些古老的理想是一件好事——尽管不要像亚历山大·冯·洪堡（Alexander Von Humboldt）在十九世纪初所提出的理想那样古老。当然，这不是要求回归到过去的时代，而是呼吁对现在近乎已然面临着被忽视之危险的某些基本的高等学府之价值进行重新评估。我并非是唯一对此表示关注之人：对于一般性的论述，可参见 Brown（2011），而较为具体的论述，德国的情况，可参见 Dilger（2011）；荷兰的情况，可参见 Van Oostrom（2007）和 Lorenz（2008）；美国的情况，可参见 Bok（2004）。

59. 研究项目

在第三章中，法学被定义为一门对应当做什么存在彼此冲突之论据的学科。此等观念不但对业已描述的法学的特点产生了实质性影响，而且对于高等院校组织它们的研究应当采取的方法也具有某种意义。法学的论辩性特点使它能够从争论中获益。不仅如此，对于创新之重要性的强调（参见上文节码 50）意味着，高等院校的决策者必须尽最大限度之可能激发创新。最后，高等院校的一个重要任务在于培养新的研究人员。在我看来，激发辩论、创新和培养的最佳方法，便是以研究团队开展一项共同“研究项目”的形式来组织研究。下面就对这三个方面做一番探讨。

组织研究可以采取不同的方法。在世界各地，许多领域通常使用的方法就是，建立一系列拥有一项共同任务的研究活动并将任务分派给通常每天一起开展这些研究活动的团体成员。这种现象源于自然科学，由于经济和实践的原因，自然科学中的团队研究不可或缺，而且以个人为基础开展实验已经不再可能。特别是那些需要昂贵基础设施的领域，（仍然）更是如此。比如说，位于智利的欧洲“超大型望远镜”（VLT）或者日内瓦欧洲核子研究中心（CERN）的大型强子对撞机，就涉及来自 80 个国家的 7000 名研究人员。

通过研究项目的方式组织法学研究也已成为许多欧洲国家采取的普遍做法。在荷兰，几乎所有在高等学府开展的研究都是在部门、机构、院系（经常是跨院系）或者研究院这些级别的项目之下进行分类的。在 2009 年国家研究评估中，有 59 个不同的法学项目被评估。即使这些项目中的许多项目原本皆是出于外部的压力而建立的（荷兰的研究项目经常被视为获得资金的必要手段），但是就志同道合的研究者为何应当一起工作还存在一些充分的实质性理由。

在一个研究团队中工作的第一个优势在于，它可以激发学术讨论。培养一种良好的研究文化的必备要素是，要拥有一个人们可以自由表达思想、受到其他人挑战、从他们同事的工作中得到启发并由此能够通过辩论提高他们自身工作质量的环境。美国社会学家罗伯特·金·莫顿（Robert K. Merton）把这种环境称为“不经意间获得的微观环境”（serendipitous microenvironment）。营造这样一种具有激发性的研究文化乃是任何高等院校的一项基本职责。

参见 Merton & Barber（2006，262）。法学历来就具有一种个人主义式的研究传统，然而这种情形在过去十余年来已经有所好转。如果在“一个由密切配合却独立研究的富有天赋之人组成的、每个人都可以自由依循他自己想法的共同体”中开展研究工作，那么就可以提高研究质量。贝尔实验室前任主席詹姆斯·菲斯克（James B. Fisk）的这种观点（Shapin 2008，190）现在已经获得广泛的承认：学者们被期望能够提出反对他们议案的意见，而且他们自己也对同事们提出的议案进行评论。这种非正式的同行评审形式也许是人们可能想到的最重要的质量控制形式。

当然，研究者能从团队获得何种启发高度取决于团队本身的规划。正如荷兰物理学家拉格戴克（Lagendijk 1997）所谈到的那样："我每天看到的是由一位教授、一位博士后和少数几位博士研究员组成的研究团队……一个与众不同的小团队也能够造就出色的研究。"通过鼓励不同学科的代表人物在一个团队中一起工作，能够促进跨学科的研究。然而，这绝非是一件容易的事情，而且可能只会产生多学科的视角，这就意味着可以从不同的角度来解决一个特定的问题，但却缺乏任何进一步的整合。关于从团队中获得启发的另一个值得探讨的问题就是会议的地点。这些团队的参加者必然需要获取书籍和杂志，由此会议地点最好是在开放式的书库之中。在一个具有络绎不绝的访问者的共同空间的中心地点聚会，也可能对团队多有裨益（参见下文节码 56）。坐落于莱顿的（天文学、数学和物理学）洛伦茨中心（Lorentz Centre）便是这方面的一个典范。

第二，必须强调指出的是，研究团队所具有的较为庞大的框架能够为个人创新提供一个肥沃的"温床"。那些将研究项目仅仅视为杰出法学研究的一种阻碍的人们可能会对此心存怀疑，因为他们认为真正的进步总是由个人来实现的。然而，任何优秀的研究团队非但不会削弱创新能力，反而会激发它。此种反对理由使得我们深入思考研究项目的目的：为了便于一名个体研究者对其所感兴趣之主题的探索，而非仅仅从事某种类型研究的自我设限。

例如，伊普森（Ipsen 2005，427）对研究项目和研究人员之间的合作提出了批评："法学话语中的真正进步是通过专著来实现的。"我基本上同意这种说法，但在这里并不存在矛盾之处：合作应当不会阻碍个人的热情。尽管如此，完全可以这样说，个体研究人员将永远是推动法学向前发展的驱动力。

公允地说，在探讨针对研究项目的批评中，基于我自己的经验，我会承认研究项目有时可能会产生约束。这主要是由研究主任或者项目的带头人倾向于向评估委员会呈现一项一致性的成果——从而激发同事们尽可能地在研究项目所限的狭小范围内发表作品——所引起的。在我看来，这就是为什么评估委员会应当较少地强调项目说明书（"计划"）的重要性，较多地强调业已发表的出版物的重要性的原因所在（当然这些作品仍然是某种统一性的证明）。简要的项目说明书需要指出研究的领域、使用的研究方法和出版物的目标类型，这种主张并没有削弱个人的创新能力。

一种可选择的方法是，不对研究项目本身进行评估，而是对以其成员的个人出版物为基础的学院整体之成果进行评估。经常听到的一个反对理由就是这种方法在逻辑上行不通，然而此等反对理由早已被英国的经验证明是错误的，该国自1992年以来一直采用这种方式来组织学术研究评估活动（Research Assessment Exercise）（就此，可参见www.rae.ac.uk）。法学研究的质量最终取决于个人的成就会更能够反映真实情况。对于一个项目的评估就能说明其个体成员的研究质量，这种推定是以与在法学中常见的学术活动实践不同的一种学术活动实践作为前提的。在美国法学院中，几乎不存在这类研究项目。

第三，一个研究团队可为年轻的（博士）研究人员提供理想的环境，在其中他们接受训练、受到他们年长同事们的照顾，并且可以与其他年轻的同事们分享他们的经验。

> 在过去十年里，许多欧洲国家已经为他们的博士研究人员设立了“研究生院”（graduate schools）（不同于美国模式，这些学院并不包括硕士研究生）。这些研究生院（在大学或学院层面）通常提供一些教学课程并对博士生的福利待遇承担法定的责任。他们可能拥有潜在的重大优势：通过召集来自于不同领域的研究人员，他们可以与学术偏狭主义（parochialism）进行斗争。在荷兰，一些法学院已经选择了一种截然不同的模式：他们在所谓的“研究院”（research schools）一起工作，有时甚至三个或者四个不同的法学院拥有一些共同的研究项目。尤其是于1995年成立的欧洲共同法研究院（Ius Commune Research School）现在已经被证明是成功的：它联合了在荷兰从事欧洲私法、欧洲宪法和比较法研究领域中的大部分博士研究人员和高级研究人员。尽管如此，较之这些大型的研究网络，直接工作环境中的微观学术氛围更为重要（参见上文）。

60. 市场与基础性研究的重要性

法学圈中的研究文化还具有另一个重要的方面，那就是研究文化应当能够激发创新性和基础性的研究。大学的职责主要不在于提供社会服务或者从事与一般公众直接相关的研究，而在于研究基础性的知识。尽管此种洪堡式的理想（Humboldtian ideal）已被全世界的大学和基金组织所普遍认可，但是它正面临着威胁——正如它一向遭遇的情况那样。

任何学术研究人员的主要动机必定是他对于从事学术研究的个人热情。这就意味着，大学应当重视优秀研究人员的个性和倔强的品格：创新总是来源于边缘地带（margins），而且最终最关键的乃是学术成果。因此，有天赋的学者必须能够追求他们自己的研究议程。这的确也是事实，因为要事先说明取得进步最好做些什么事情，是相当困难的（Vranken 2006，30）。

因此，对于基金组织越来越根据个人的绩效授予经费要给予高度肯定。这种做法不仅可以在由内国基金组织创设的个人奖项中看到（例如德国莱布尼兹奖、荷兰斯宾诺莎奖和“创新研究激励计划”），而且也可以在欧洲研究委员会（European Research Council）于 2007 年设立的启动经费（Starting grants）和高级研究经费（Advanced grants）中看到。然而，若要意欲培养一种专注于激发创新的研究文化，需要做的事情还远远不止于此。在这一方面，人们通过小小的努力就可以取得重大的进步。在这种意义上可以说，关于为法学研究设置（国际性的）学术奖的文化还相对不那么发达。数学和经济学领域各自都针对 40 岁以下的最出色的研究者设立了它们自己的奖项，即菲尔兹奖（自 1936 年开始授予）和约翰·贝兹·克拉克奖（于 1947 年设立）。这些范例都值得效仿。单个的法学院也可以为优秀的学生创设竞赛奖（这也是招收博士研究人员的一种很好的方法）。这种做法与被普遍认可的观点是一致的，即相较于经济上的激励，这些具有象征性的奖项更能提振内在动力。就此，可参见 Osterloh & Frey（2010）以及下文。

对基础性和创新性研究的最大威胁是，高等院校中讲求市场效率之风气的强劲增长。这种现象在许多国家都可以观察到。它的核心就是，营造一种对学者不信任的氛围，并产生一种控制和问责的观念，以确保获取更高质量的研究。这就是为什么近来一些欧洲的著名学府对此等发展态势敲响警钟，并要求准确评估学术研究中那些不可控制之因素（例如创新事物和意外新发现）的原因所在。这些高等院校提出警告，不要在移除事物上犯管理错误，如果它们无法被管理或者它们使得管理变得更加困难。

> 这种号召（Boulton & Lucas 2008）是由包括诸如牛津大学、剑桥大学、慕尼黑大学、赫尔辛基大学和莱顿大学在内的欧洲研究型大学联盟（LERU）提出来的。它们对于这种市场导向型的目标——将高校变成稳定化知识的提供者并破坏了高校的根本使命——提出的挑战，在包括哈佛大学前校长德里克·博克（Derek Bok 2004）和荷兰皇家艺术与科学院（Royal Netherlands Academy of Arts and Sciences）前院长弗里茨·范·奥斯特罗姆（Frits van Oostrom 2006）在内的杰出学者所发出的吁求中得到了体现。他们警告不要将一种在短期内取得“成绩”的风气有时视为比从事基础性和好奇心驱动型的研究更加重要。奥斯特罗姆描述了鉴于学术骨干和管理人员的不足，院系如何日趋扮演着一种筹谋获得各类研究经费的计算器的角色。佩尔斯（Pels 2003）、洛伦茨（Lorenz 2008）——在富有启发意义的标题下，《如果你这么聪明，为何你不富有？》（*If you're So Smart，Why aren't you Rich?*）——和雷吉尼（Regini 2011）皆对这一主题进行了深入的探究。

将高校化约为受市场效率驱动之组织的基础导源于新公共管理理

论的原则，尤其是以个人或研究团队之间的竞争会促生较高质量之成果这一观念作为依据。这种模式的基本前提就是，质量可以借助于所谓的“绩效指标”（performance indicators）进行评估。此等指标的积极一面就是对于绩效的重视：无论先前制订的计划是什么或者投入了多少时间，最终的学术出版物的质量才是最为重要的。就此而言，市场思维不但是解官僚化（debureaucratization）的一种适当形式，而且也能够对良好表现提供一种激励。然而，这却忽视了绩效评估所具有的负面效应。尤其是，绩效评估正负两个层面的效应使得不能将市场效率应用于基础性和创新性的学术研究（和教学）之中。

> 有关新公共管理理论（将在商业中形成的管理技术应用于公共部门）的著述甚丰。尽管绩效评估提高了透明度、效率与可归责性，但是它的缺陷亦为人们所广泛承认：除了下文所讨论的两个缺陷以外，众所周知，这些缺陷很可能会提高策略性行为（那些已被评估之人知道如何控制指标），却无法激发创新（对以前研究的再现将往往导致一个更高的评分），并且可能造就一种狭隘的视野（所谓的“目标设定症”）。就此，可参见 Thiel & Leeuw（2002）、De Bruijn（2002）和 Lorenz（2008）等人的研究。

绩效评估的使用所产生的第一个负面效应是，它仅仅关注绩效中可评估的方面，例如成果或引证的数量、文章所刊登的杂志类型，或在出版物的前几页中是否提出了一个明确的研究议题。这就意味着，即使人们能够提出评估法学研究的明确工具——这在多样的法律学科中是不太可能的——它们也无法涵盖质量的所有方面。换言之，无形的或者无法通过评估来衡量的方面，就会被视为是不重要的。这可能会给那些非常重视绩效评估的学者造成不当激励。为了追求声望和终身教席，他们可能禁不住诱惑放弃他们的职业习性（*habitus*），以尽量获得更高的评分和尽可能多地发表能被评估的成果。然而，获得学术共同体高度认同的研究者可能并不会受到短期表现的驱动，却会受到其他事物——他们对于知识的渴求——所推动。这就意味着，已完成之研究的质量一直都需要同行们的一种实质性判断，而绩效评估并不能说明它的一切。

研究表明，推行绩效评估往往会导致对于长期目标的忽视：当前在可评估因素方面获得高度评价的某个组织，从长远看来很可能会因为忽视对于增强创新和员工满意度至关重要的不可评估之因素而得不偿失（De Bruijn 2002）。这就带来了产生负面效应的风险：研究人员肯定要讲求成效，然而每年发表 20 篇文章这件事本身并不会让某个人成为一名优秀的研究者。在此种情形下，切割策略（slicing strategy）很可能会得到运用：研究被分割成尽可能多的文章，就好像它是一根香肠那样。然而，撰写出一篇长文或一部著作将很可能对于未来具有更大的影响。基于同样的理由，人们可能会对单方面地将博士学位论文的数量算作一种质量指标提出批评：一般而言，绩效评估告诉我们关于真正有质量的信息出奇的少。绩效指标的负面效应也已然在医疗保健中有所体现：对于成果的量化评估并没有提升医院或者家庭医生的素质，却倾向于降低了去做正确事情的内在动力。就此，可参见 Bevan & Hood（2006）。

这种讨论阐释了绩效指标的基本功能就在于部分明确了我们可以期待一名研究人员能够做些什么（亦可参见下文节码 61）。同时，它也表明了，以量化标准作为基础的富有成就的研究人员并不必然能够产出一种更高质量的研究。任何称职的学者是受其他别的事物所驱动的，也就是夏平（Shapin 2008，263）所言的乃是出于“对一种‘自由空间'的渴望，在该空间中，一个人实施他想要实施的，甚至感觉到他自己必须实施的研究活动"。如果不以类似商业的方法将他的研究与评估中的可量化因素结合起来，那么这样一个活跃的、专心致志的研究者将会失去他的动力。因为作为一名学者他是不被信任的，从一名充满激情的专业人士沦为了一名受制于外部指导的平庸的"操作者"。在其他领域，也存在这种众所周知的现象：只根据数量上的产出来评估工作的质量，工作动力就会降低。"自主乃是内在动力最重要的前提条件，创新性的研究也仰赖于此。"就此，可参见 Lorenz（2008，179）和 Osterloh & Frey（2010，14）等人的研究。

第二，市场思维——如果被认真对待——就会造成一场高等院校之间的错误竞争。学术实践的竞争已然相当激烈：每一位研究者都力求写出最发人深省的著作和文章，并且最大可能地将它们教授给学生。就此而言，同事们的学术成就便是比较和激励的一种永恒的来源。除此之外，学术界作为一种评价的公共平台决定着如何对研究进行评估：首先是杂志或者丛书的编辑委员会对于书稿的接受，接下来在实际出版之后，再由所有其他同行们进行评判。另外，对于活跃的学者的评估总是采用其他的方法：经费的申请、编辑委员会的考量、会议讲座的邀请等。在此种意义上，竞争是学术生活中所固有的。

尽管如此，这种类型的竞争在根本上不同于那种根据新公共管理理论所鼓吹的竞争。因此，莱顿大学天体物理学教授文森特·艾克（Vincent Icke）警告说，依循商业模式逻辑的竞争造就了小集团、沙文主义和短程思考，所有这些都会对科学产生反效果。正如上文所探讨的那样，弗里茨·范·奥斯特罗姆也警告指出将一个学院架构成一个联邦型的实体是危险的，其中彼此独立的机构——事实上它们仿佛是企业的部门——不得不为了它们自身的利益奋斗，而与隔壁同事们的合作将被视为一种背叛。

参见 Lorenz（2008，256）和 Van Oostrom（2007，14）。从新公共管理理论的角度来看，这就意味着，经济竞争排除了所谓的“制度责任”（system responsibility）：因为不同单位之间应当彼此竞争，它们不再一起工作而且不再分享它们的知识。这就会造成开放性、讨论与合作的不足，有悖于科学所倡导的那种竞争：不是为了金钱，而是出于观念的吸引，抑或正如布迪厄（Bourdieu 1984）所声称的那样——为了以声望形式表现出来的象征性资本。在少数领域中，这种竞争会像国际学术研究竞争那样激烈。艾克（in Lorenz 2008，257）正确地将这种竞争描述为具有令人难以置信的猛烈性：“一位学者在演讲中或在学术报告会或学术会议上若是胡说八道，那么他不是被温和地斥责，而是会被驳得体无完肤。”正如上文业已看到的那样（节码 50），发表了与主流的观点相悖的见解，有时候会遭遇到激烈的抵抗。同时，经济上的竞争能够造就较好的研究，这种说法还未获得证实。这种观念体现于一位著名的德国神经认知教授赖纳·格贝尔（Rainer Goebel）的行动中，他一再拒绝从马斯特里赫特交流到斯坦福的邀请，声称那样做会迫使他与其同事们竞争，而不是与他们合作。

61. 一种可选择的方法

上文论述了市场思维对（基础性的）学术研究和教学造成的影响。幸好这些影响还没有成为现实。例如，绩效评估被视作具有重要意义所达到的程度，最终取决于行政领导的掌控欲。在法学院校中，这种行政领导本身在大多数情况下就是一位法律学者，因此也会意识到绩效指标的价值是有限的。然而，对于如何不一样地处理事情，我们拥有充分的理由来勾勒其大体的轮廓。就此等可选择的方法而言，这个部分将重点谈论三点。

> 评估质量也需要一种可选择的方法，因为欧洲的法学院严重依赖于高校的核心行政管理层，而核心行政管理层又需要仰赖于政府的资助。有时候，当外部管理的压力变得如此巨大以至于法学院在它们的组织治理过程中必须容忍新的公共管理技术。在这一点上最坏的情形以及高等院校必须不惜一切代价阻止发生的情形是，绩效指标的评估落入了采用微观管理模式的强悍的管理者手中，这必将导致对业已讨论过的体系的扭曲，使得评估沦为一种官僚化的、毫无意义的仪式。对此，可参见 De Bruijn（2002）。

首先，必须强调指出的是，制定绩效指标和指标本身并没有什么不妥，因为它们实际上明确了大学能够对其研究人员抱持什么样的期望。然而，最重要的是，这些指标不但没有完全以数量因素（quantitative factors）作为基础，而且也适合于用来评估质量：它们必须体现出何为学术界认同的优秀的法学研究。即使满足了这项要求，我们也必须承认，在一个更大的语境下它们也只能被作为一种工具来使用，而绝不可能成为同行评价的有效的替代方法。不仅如此，当涉及确定经费授予时，它们只能发挥有限的作用。

> 文献中普遍的观点认为对于绩效指标的使用必须适度。其他的文献，可参见 De Bruijn （2002）和 Thiel & Leeuw （2002）。这反映在关注高等教育的各种机构所发布的有关研究评估之价值的报告之中。因此，根据欧盟委员会

的报告——《评估欧洲大学的研究》(*Assessing Europe's University-Based Research*)(2010, 36 ff.),可以说“那些被评估的大学需要相信评估指标的适当性和真实性”。在荷兰,荷兰大学联合会(Association of Universities in the Netherlands)(VSNU 2005 and 2007)和荷兰皇家艺术与科学院(KNAW 2005 and 2011)发布的各类报告中谈到了相同的问题。这就使得法学不受制于可与其他学科中的指标(例如杂志的引证分析和详细排名)相媲美的绩效指标的诱惑变得相当重要,如果使用这些方法无法造就对法律学者所认为的优秀研究究竟为何作出公正的评价。这就是为什么这些报告主要不考察可评估的因素,而去考察定性的指标的原因所在(例如,出版物的实质质量以及反映研究界如何看待个体研究人员的所谓的“名声指标”——以所获奖励、研究员职位、主题演讲、编者的角色、会议的组织和当选学会的会员等作为基础)。除此之外,许多报告不仅强调研究评估必须一直关注隐藏在数量背后的“故事”(De Bruijn 2002),而且还强调行政领导应当接受并非一切东西都可以被量化的这一事实。换言之,尽可能地使得研究具有可评估性,一定会与(至少是)管理者的自然倾向发生抵牾。

近来的一个趋势就是赋予文献计量因素在评价法学研究的质量上发挥更大的作用。在法学和人文科学中当然不可能使用这些因素,但是正如荷兰皇家艺术与科学院(2011, 43)近来发布的报告所强调的那样,“必须谨慎使用文献计量的质量指标。计算文章的数量只能评估生产率;计算引证数评估的是文献的影响,而这并不必然与质量是同一回事……”因此,人文科学领域中的50种学术杂志近来表明它们不再希望依循欧洲人文学科期刊索引(European Reference Index for the Humanities)的标准而被分类,这不是因为它们在这个索引中的排名较低（情况并非如此），而是因为它们认为这种排名“取决于一种对于我们的领域以及整体的人文科学领域中的研究行为和研究成果的根本性误解。……伟大的研究可以在任何地方并以任何的语言进行发表。真正开拓性的研究更有可能来自于边缘化的、存有异议的或者出乎意料的渠道，而不是来自于普遍公认的、固定化的主流杂志。我们的杂志种类繁多、内容各异且独具特色。有些杂志面向广泛的、一般的和国际性的读者群体，有些杂志的内容更加专业并潜在预设了读者群体。它们的关注范围和读者群体并不能说明它们的知识内容的质量”（Cook et al. 2009）。

为了避免只以文献计量因素作为基础的评价过于简单，人们在评价质量的过程中也必须注意引入一种“记分制度”。这样的制度可能很实用，但是如果它们参考了其他的质量标准而非那些为学术界所承认的标准，那么就会夸大它们自己的作用。西姆斯（Siems 2008，148）援引了鲁尔提出的在法学中引入一种根据各自分值将学术研究进行等级划分的观点。他建议给描述性的教义式研究打 2 分，而给实证性研究打 10 分（如果此项研究的内容是法律对于社会的影响）。关于记分制度及其应用的另一个实例，可以在有关德国法学院的排名中看到（Ipsen 2005，426），它将页面的数量（3 页或 4 页：记 1 分；超过 100 页：记 15 分）和杂志的地位（如果是同行评审的杂志，分数就是某个因素的 3 倍）作为变量因素。伊普森恰当地把这个制度描述为是“对于著作的仇视”（hostile to books），因为法律学术共同体并没有认为著作的价值天生比不上文章。如果人们对法学杂志的注释进行分析的话，这就可以获得证实：这些注释通常显示出著作是最被经常引用的资源。一项对于一份荷兰主要的私法杂志——

《荷兰民法杂志》（*Nederlands Tijdschrift voor Burgerlijk Recht*）——2005 年卷的专门分析表明，该年度的杂志中总计有 1089 个注释，其中有 547 个注释引用的是著作和著作中的论文（最常被引用的杂志就是该杂志本身）。

绩效指标价值的有限性产生的另一个影响是，我们必须注意资金从所谓的“内部经费”（主要是政府经费）朝向“外部经费”（例如研究理事会和慈善团体提供的经费）的转变。这样做不仅仅是因为政府要将经费从高校中抽取出来并分派给基金组织以对其进行重新分配（如果根据质量评估的话，这是件好事），而且还因为高校自身也越发根据各个学院外部资金的来源及其从私营企业吸收商业资金的能力而将经费分配给它们。这种做法已经受到了很多人的批评，包括奥斯特罗姆（Van Oostrom 2006），他将此等做法称为是对高校学术灵魂的一种打击：基础研究和新进博士职位的经费现在越来越必须通过基金组织来获得，尽管并没有证据表明这样做将会促生更高品质的成果。为了能够完成学校要求做的事情，教工们不得不去争取每一分钱，这看起来很令人生厌。

这就使我想到了第二个要点。最终，研究的评估必须总是来自学术界的同仁们（学术同行）。正如上文已经指出的那样（节码 60），国际学术实践充斥着诸多评估机制。同行评审并不限于成果的判定，而且也延伸到学术性职务、研究提案的评估、会议的邀请、当选编委会委员等层面。尽管不可否认，这当然不是一种理想的方法，但是由同行来评估看上去可能是最好的选择。

文献计量方法不能准确地评估法学研究的质量，正是同行评审程序的重要性必须首先获得珍视的原因所在。这也是为什么英国大学科研水平评估（Research Assessment

Exercise）在 2008 年决定根据“panel J”（关注于法学）来对提交的成果进行评估：这种评估建立在“根据它们自己的情况”而对几乎所有提交的成果予以详细考核的基础之上。在经过仔细考量之后，它决定这种考核不对任何杂志进行排名。荷兰皇家艺术与科学院发布的报告《根据具体情况评估研究》（*Judging Research on its Merits*，2005）肯定了同行评审的重要性。该报告得出这样的结论：在任何科研评估中，主要成果都必须由同行来进行评估，只是因为唯有同行才能够判断什么是最好的研究和什么不是最好的研究。

这并不意味着同行评审就是理想的方法，而是意味着没有比它更好的方法，至少在当前法学研究所处的这个紧要时刻的确就是如此。对于同行评审的缺点，埃德蒙德（Edmond 2008）作出了详细的描述，而且拉格戴克（Lagendijk 1998）也以更富有表达力的语言做出了如此之描述：“我经常会感到愤怒。如果你的资助申请连续六次获得高分，那么很显然会推定第七次的质量也会很高。然而，这可能与事实相差甚远：第七次的全面评估游戏，让你再次随心所欲且你被认为应当填写了所有的表格。我知道，这是一个人想要被允许使用纳税人的钱来做研究所必须付出的代价。”事实上，由编委会进行的同行评审也不能做到皆大欢喜。就此，存在两个著名的事例可说明此等事实。在 1996 年，著名的《社会文本》杂志（*Social Text*）刊登了美国物理学家艾伦·索卡尔（Alan Sokal）所写的一篇文章。用索卡尔自己的话来说（1996），这篇文章纯粹是“一篇左翼暗语的拼凑、阿谀奉承的参考、浮夸堂皇的引用、完全直白的胡扯”，而且他提交这篇文章只是为了证明编辑们的疏忽大意：他们认为较之于具体地评价内容更为重要的是，文章由谁所写以及它表面看起来如何。同样，在 2002 年，一位年轻的德国物理学家扬·亨德里克·舍恩（Jan Hendrik Schön）也揭示出了同行评审制度的缺陷，虽然在这一事件中，他的目的带有更多的恶意：在相当短的时间内，他设法使诸如《自然》《科学》以及《物理评论快报》之类的权威杂志接受刊载他所撰写的多达28篇文章。尽管评审程序应该非常细致，但是这些文章中的大多数（事后）被证明皆是编造的。

同行评审的使用意味着，在学术亚群体内部同行们对于何为“优秀的”研究存在一种共识。在上文说明了关于创新性研究和方法论多元主义的重要性的所有内容之后，对此我可以进行简要的归结：优秀的研究是富有创新性的，而创新性来源于多样性。同时，这种多样性是富有成效的，因为它使我们正确评价不同的方法并且承认法学家们依循他们自己的方法可以推动获取更多的法律知识。此外，一种类型的研究本身不会优于另一种类型的研究，似乎也成为一种国际共识。

参见上文节码51和节码57。阐明是什么造就了特别优秀的研究，是很重要的。国际上就法学中优秀学术研究的要求达成的共识似乎是，法学研究应当具备原创性或创新性。对此，英国大学科研水平评估（RAE）进行了补充说明：原创性（orininality）、重要性（significance）和严谨性（rigour）乃是最能说明一篇文章质量的三个标准。在德国，“跨学科性”和“国际化”乃是优秀之研究的关键词（Ipsen 2005，425）。对于美国的研究，科罗布金（Korobkin 1999，860）这样评论道，“‘有价值的’学术研究应兼具洞察力和原创性”。切尔缅斯基（Chemerinsky 2009，891）提出学术研究应当具有重要性和原创性。同时，这也体现于荷兰大学联合会法律研究质量委员会的报告（VSNU 2005 and 2007）和佛兰德斯方法（Flemish approach）（www.vlir.be）之中。

这些一般性的要求留下了太多需要进一步解释的空间，而且它们理当如此，因为许多类型的研究可能满足这些要求。结合西姆斯（Siems 2008，248）的观点，我认为唯一正确的方法是具有包容性（tolerance）的方法。这与其他学科的方法不存在任何不同之处。正如不完全地列举了多达 21 种“优秀的”数学研究方法的菲尔兹奖得主陶哲轩（Terence Tao 2007）所主张的那样：“‘优秀的数学’所具有的这种多样化且多层面的本质对于整个数学研究而言是非常有益的，因为它使我们寻求许多不同的学科方法，以及挖掘许多不同类型的数学才能。”

评估机制在学术实践中根深蒂固，绝对不会被文献计量标准所取代。而事实上，由玛吉特·奥斯特洛赫（Margit Osterloh）和布鲁诺·弗雷（Bruno Frey）所提出的一种富有吸引力的可选择的方法，能够确保高质量的学术研究，促进对于具有抱负的学者的慎重选拔和社会化。他们认为，招募乃是质量控制的基本环节：未来的同行应该精通专业技术，“热爱科学”和具备自我指导的能力。只要某个人根据这些品质和其他严格的专业学术标准（成果的质量和教学质量）得到委任，那么此人就应当被信任并被赋予相当广泛的自主权。或许有些人会滥用他们的自主权和浪费经费，但是若欲求让大多数高绩效群体蓬勃发展就必须要付出代价。大多数受聘的研究人员很可能会受到他们所获取的自主权和资源的推动。为满足征聘高标准的每个人提供的基本经费，也能够确保不同方法的多样性。这就是美国顶尖的法学院——包括但不限于哈佛大学法学院和芝加哥大学法学院——所使用的质量控制体系。

参见 Osterloh & Frey（2010，15ff.）。奥斯特洛赫和弗

雷强调指出，持续不断的研究评估只会造就平庸："研究评估不仅施加了产生可预测研究结果的压力，而且也施加了产生平淡乏味的研究结果的压力……具有开创性的文章往往是那些接受不同评估标准的文章"（Frey & Osterloh 2006，5）。必须满足相同的标准（因而方法便不会那么多元）意味着人们不再能够拓宽自己的视野。这就是为什么这些作者们建议要将以产量控制作为基础的分配方法转变成以程序控制做为基础的分配方法的原因所在，因为后者秉持的最重要的标准在于选拔程序是否适当以及学者享有的自主权是否充分。根据拉格戴克（Lagendijk 1997）所描述的方法，有可能在学者之间进行区分："根据过去的绩效来决定谁是最优秀的学者，给他们提供为期五年的充足经费，然后对他们进行严格的评估"（亦可参见上文节码 60）。

第三个要点就是行政领导和学者们必须表明追求他们所认可的高校（应当肩负的）主要使命之决心。行政领导打着提高科研质量的幌子，越来越倾向于支持他们所希望的研究类型。没有什么理由可以反对一所学院谨慎考虑（例如）致力于国际性研究或实证性研究，或者相反，以培养未来最优秀的从业者作为目标。然而，此等选择的动机必定不是认为某种类型的研究本质上优于其他类型的研究。对于学者来说，他们不能因新公共管理的控制机制而被误入歧途，而应当主要推动他们自己的研究议程。尤其是，大学教席在这一点上可以作为一个范例发挥作用。

我认为，较之于它们现在所做的，高等院校在作出支持某些类型的研究和教学的选择上应该要更加有理有据。在欧洲，绝大多数的法学院将重点放在教授内国法上。在这种情形下，往往也很难主张一国国内大多数法学院之间存在许多实质性或质量上的差异。就科研而论，有时候会作出选择，然在参照所谓的更高质量的某类研究（通常是更多地迈向国际化）层面，这些选择往往会比较模糊。尽管我公然提倡一种更为国际化的教学与研究议程（亦可参见下文节码62），但是我的意思并非表明更注重国内导向型教育的质量就必然低于更注重国际导向型教育的质量。

学者们也必须表现出更多的勇气，并且主张他们的工作是最富有创新性的工作，由此绝不可能完全受制于管理的控制。斯蒂芬·夏平（Steven Shapin 2008）所描述的发展态势——从将科学作为一种志业到将科学完全作为一门专门职业——幸好没有完全成为现实。正如马克斯·韦伯（Weber 1946）的名言所表达的那样，这是因为一位学者不应该只是一个纯粹的官僚，而应当是一个拥有超凡魅力的领袖。基于他们学生们的目击报告（witness report），二十世纪拥有超凡魅力的学术领袖之典型，包括了诸如阿尔伯特·爱因斯坦（Albert Einstein）、理查德·费曼（Richard Feynman）和约翰·赫伊津哈（Johan Huizinga）以及法学领域中的哈里·劳森（Harry Lawson）、奥托·卡恩－弗罗因德（Otto Kahn-Freund）、大卫·达乌贝（David Daube）和勒内·达维德（René David）等知名人物。他们都向世界宣扬了他们研究领域的重要性并且对外传播了——正如费曼（Feynman 1999）所称的——“探明事物所收获的乐趣”。

62. 对法学教育产生的影响

直到现在本书的重点几乎都是放在法学研究上。尽管如此，如果认为法学研究可以脱离法学教育，那么就是错误的：在理论上，二者密切相连，不可分割。这就是本书的最后一部分要特别关注上文所探讨的关于法律和法学研究的观念对于法学教育产生之影响的原因所在。这些影响直接来源于法学的论辩性特点（特别参见上文节码 31 和节码 40），法学教育必须像法学研究那般不要直接指向发现“某些”规则或者结果。法学教育的主要目标应当是探讨和比较彼此冲突的规范性观点所产生的影响。法科学生不应当只学习某种法律体系，而且还应当接触一些能够实现正义的可选择的方法。由此，之于法科学生，对于学习一种思维方式的关注，甚至要超过对于了解某一实体法复杂细节的关注。后面的几个部分将对支持这种新型法学教育的观点和此等法学教育应当如何付诸实施展开探讨。

令人感到惊讶的是，欧洲的法学教育通常关注于将法律呈现为源自某些权力机关以及由此法律是如何得以规定的。因此，几乎所有的教科书的目的皆是对现行内国法进行描述，看上去力求尽可能地排除不确定性。这不但使得法学教育变得实证主义化和国家主义化，而且也会使法学教育过度关注于规则的内容，尽管我们知道规则的内容往往容易迅速地发生改变。

阿蒂亚和萨默斯（Atiyah & Summers 1987，394）提到了相同的情形：“教科书的基调往往是教义式的，许多判决被呈现得仿佛它们是从基本原则推演而来的严格的决定……教科书最终的、普遍的目标就是阐述在此书出版之时仍旧有效的法律。”这种实证主义的思维存在着造就学生沉迷于现实情况而不去思考法律可以如何阐述的风险。法学教育不能将重心集中在由国家的立法机关和法院引入的明显的确定性之上，这种观点当然并不新颖。鲁道夫·冯·耶林（Von Jhering［1998，52］）于 1868 年已然在回信中写到实证主义是法学的“宿敌”：“它将法学降格成一种纯粹的交易，因而必须誓死与其战斗到底。”

最好的法学教育应当能够教授给学生一种方法：他们需要学习存在哪些支持和反对某些解决方案的论据、如何权衡这些论据以及如何处理相互抵牾的规则体系。这就意味着，法学课程必须较之如今的课程更加国际化：学生应该了解不同社会对于诸如社会正义、效率、男女平等和生命的价值等议题会给予不同的权重这一事实。他们应该学会思考不同社会作出之选择所带来的后果、明白为何会作出这些选择以及论证为何它们认为某项选择会优于其他选择。由此，法学教育的出发点不是德国或者法国（或者任何其他国家）的法律，而是某个特定的问题和不同法域解答这个问题所使用的方法。这要求在本科阶段的法学课程中就应当践行一种真正意义的欧洲（或全球）教育，然后在硕士阶段学习某个特定国家的法律体系。

存在三种观点可被用来支持一种更为国际化的法律教授方法。第一种观点以法律本身所具有的不断变化的特点作为基础，第二种观点以学术研究应该满足的基本要求作为基础，以及第三种观点以将上进心强的法科学生吸引到法律项目之中所具有的重要性作为基础。对此，亦可参见 Smits（2011）。

支持一种真正的欧洲教育的第一种观点就是，法律本身不再是一种国家现象。法律越发来源于国家边界之外的渊源并且经常是私人倡议（private initiatives）的产物（参见上文节码 25）。任何一种现代的法学教育之所以应当将这些规范考虑进去，不仅仅是因为它们在理解现行法律上不可或缺（因此在实践中发挥着重大作用），而且还因为它们促使学生们意识到法律并不必然与民族－国家联系在一起。帕特里克·格伦（Patrick Glenn 2006，59）正确地评论道，如果法律不再被认为单纯地来源于国家，那么法律学科“必须担负起提供超出国家边界的法律知识的认知责任”（亦可参见上文节码39）。这就意味着单纯建立在国家的立法和法院判决复杂关系基础之上的法学教育乃是一种不甚完整的法学教育。

或许可以这样说，这种渊源的多元性并不能迫使我们采用任何影响深远的国际化的法学教育：人们仍然可以教授内国法并且可以适时地增加某些国际法或比较法的元素。我并不否认这是一种可能（这甚至是大多数法学院的常见做法），但是我认为在如今日趋全球化的世界中这并非教育学生的最佳方式。即使有人断言法学教育的唯一目标就是给未来的法律从业者提供一种专业训练（我将否定这种说法），这些从业者应该能够在不同国家的不同法律体系中工作以满足他们客户的需求。即使法科毕业生留在他们自己的祖国工作，他们也正在不断地给意欲了解不同解决方案的跨国客户和外国客户提供建议。而这就需要开设一种更加严谨的国际性课程，在该课程中从第一天起就开始对可选择的方法进行勾画。因此，纯粹教授一国内国法并不足以帮助学生在他们必须工作的世界中从业。

在过去十年里，大多数课程给予比较法和欧洲法方面的关注已然显著增强。包括荷兰－德国汉斯法学院（Dutch-German Hanse Law School）在内的各种不同的国际联合学位课程已经开始推行。关于此种发展态势的近期概况可在《宾夕法尼亚大学国际法评论》（2008年第4期）和《德国法学杂志》（2009年第7期）的“跨国法学教育”专号中发现。这些课程的一个前提是，学生必须首先学习“自己的”（国家的）法律，然后在下一阶段才能专注于学习外国的法律。马斯特里赫特大学欧洲法学院（Maastricht European Law School）振奋人心的经验和蒙特利尔麦吉尔大学法学院的“跨体系”课程（从第一年起就开始以综合方法教授大陆法和普通法）皆表明了法学教育可以采取不同的方式进行。我坚信这种综合模式乃是可以满足国际化法学教育需求的一种最佳的教学方式。在解答需要对多个法域给予考量的一些问题时，学生们往往会形成不同于因传统课程所造就的“思维固定”（mind fixing）的一种多元性的法律思维。正如亚科·胡萨（Jaakko Husa 2009）正确地指出的那样：“这就产生了一种隐含式的单一认识论，它使得法律人认为他们自己的体系是‘典型的’而认为其他体系是‘非典型的’或者至少说是稍微‘不那么典型的’。基于这种单一认识论，法科学生首先沉浸于了一种单一方法的思维（one-approach-thinking），由此会使得他们在认知意义上很难去适应跨国的多元主义和真正地接受不同的方法。”

这些新型跨国课程的兴起被称为一个崭新的“兰代尔式的时刻”（Langdellian moment）（Strauss 2006）。在十九世纪末，克里斯托弗·哥伦姆布斯·兰代尔（Christopher Columbus Langdell）通过引进苏格拉底教学法（Socratic method）发起了一场美国法学教育的改革运动，而通过采取与前者同样的方式，麦吉尔大学和马斯特里赫特大学引领了一条走向更为国际化的法学教育之路。这种方法实施起来并非毫无困难：此种综合方法不仅需要新的教学材料与聘请具有国际经验的教员，而且还意味着毕业生可能无法直接进入法律行业，因为立法还尚未进行调整以适应正在迅速国际化的社会之需求。如果这些困难能够得到克服，那么这将会造就一批能够吸引欧洲各地学生和教员加入的真正意义上的国际性法学院。除此之外，这还将会导致各个法学院之间形成一种颇为理想的分化（亦参见上文节码61）。

支持一种国际化的法学教育的第二个观点是，国际化的法学教育能够较好地满足学术研究的基本要求。关于这些要求，可参见 Bell（2003）和 Kronman（2007）。在我看来，法学教育至少要做两件事情：它应该提供一种未来成为律师应当具备的专门职业训练和应当将学生塑造成为学者。后者意味着学生不仅应当学会将法律当成一种工具来使用，而且还应当以知识分子的角度对它进行思考。对此，玛莎·努斯鲍姆（Martha Nussbaum 2003）恰当地论证道，在当今世界，这种学术面向意味着学生不得不为成为“全球公民”（global citizenship）做准备：他们应该学习如何成为一名公民，不仅成为他们国家和他们当地社区的公民，而且还要成为他们生活其中的日趋相互联系与相互依赖的世界的公民。在我看来，这就意味着学术导向型法学教育应该教授给学生法律的偶然性（contingency of the law）：学生必须充分接受法律的多样性，不仅需要掌握普通法和大陆法（以及这些法系内部的多种变种），而且还要拓展对于斯堪的纳维亚法、亚洲法和伊斯兰法的理解。这些法域将会告诉他们可以如何做出不同的选择。如果这种“与他者的对话”（Morisette 2002）是法学教育的核心所在，那么仅仅关注某一个或者两个法域将会是一种相当差劲且狭隘的法学课程。如果它能最大限度地体现出针对相同问题的诸多不同的可选择的结果，那么一种真正的法学教育才是名副其实的。

必须强调指出的是，这种观点不仅仅涉及教授学生多种法律体系；而且它还涉及鼓励学生学习法律的思维方式(“像一名法律人那样思考”）。这与经济学家所采取的分析方法（“经济学方法”）相类似：在理论上，将法学视为一种方法而非视为一门学科。根据这种观点，学生不再学习英国法或者德国法，而去学习如何将一种法律方法运用到社会正在面临的诸多问题之中。通过这样做，他们就会明白不同法域在对待“应当做什么”的看法上必然存在差异，以及法学研究涉及对这些彼此冲突的规范性论据之意涵的探究和比较。法律学者并不是寻求何谓公正的社会，而是探讨可选择的方案究竟为何。尽管经过两百余年单纯教授一种法律之后，许多法学院可能会忧虑甚或抵制这样的一种转变，但是这并不意味着就不可能实现此等转变。人们应该意识到在过去一千多年中法学就一直在大学中被教授，而在过去两百年里早就取得了相当卓越之地位：在十九世纪来临之前，法科学生要学习一种以上的法律，无论是罗马法与教会法、普通法与商法，或者是罗马法与地方法。不言而喻，所有这些法律都有它们自己的理性并由此不能被置于同一主题之下。法科毕业生获得的学位——法学学士（LL.B）、法学硕士（LL.M）以及法学博士（LL.D）——仍然向我们昭示着这种实践。

为何一种国际化的法学教育较之一种内国导向型的法学教育更为可取的最后一个观点是，它将会吸引具有更高积极性的学生。就此而言，兰代尔在哈佛大学推行课程改革的成功故事就相当具有说明力：在兰代尔于 1870 年担任哈佛法学院院长之前，法律教学主要通过讲座、教科书和模拟法庭的方式进行。对于绝大多数的学生来说这种方式就已经足够好，然而对其中最优秀的学生而言却没有给予任何真正意义上的智识刺激。当兰代尔引入案例教学法（并结合苏格拉底教学法）之后，这一切都改变了。这种新的教学方法明显增强了课程的学术严谨性，转而吸引了渴望获得智识刺激的更有抱负的学生参与到课程之中。在毕业之后，这些学生由于他们具有处理一州以上法域的能力而被纽约顶尖的律师事务所聘用（Strauss 2006）。在当今绝大多数欧洲国家中，法学教育事业被视为一项相当温和的事业。这至少部分是由于法律经常被教授的方式、被描绘成具有权威性的和不可修改之事物的方式所造成的。我认为这种法律观念是错误的。

一种欧洲性的或世界性的法学教育能够成为一项真正的智识挑战，能够吸引更多有能力的学生的加入并可堪培养出更为优秀的毕业生。

不仅如此，国际化的法学教育不需要使用高等院校所在地的国家语言：一门国际法律课程可以使用英语（或其他任何语言）进行教学。有时候反对使用英语进行法律教学的观点，通常是出自这样的担忧：在使用英语学习非英美法概念时，那些概念的某种本质很可能在翻译过程中丧失殆尽。尽管如此，消除这些担忧的一个正当理由就是要意识到欧洲性或全球性的法学教育的强调重点并不在于具体的法律文本说了什么或者如何对它们进行解释，而在于隐藏在这些概念背后的论据。

当然，使用英语来教授荷兰法、德国法、芬兰法或者其他内国法并没有任何意义（也不该去尝试）。然而，这并不是本部分所提出的欧洲法学教育的重点所在：这样的一种课程的目标将是教导学生在一个国际环境中如何像一名法律人那样思考。这就意味着有必要抛开文本和它们的解释而转向隐藏在这些文本背后的论据。使用英语可以很好地对这些观点进行探讨，因为它们并不依赖于一个国家所处的具体法域。使用英语教学的一个前提条件是，较之于当前的情况，英文版的国际教科书能够得以更大规模的出版。对于英语作为一种研究语言的论述，亦可参见上文节码48。

这个部分要探讨的另一个要点是，在一种跨国法学课程中什么才是最为有效的教学模式。如果我们推定学生们应当被要求考虑各种各样的渊源来建构他们自己（不是学术作者或者授课者）对于法律问题的理解，那么理想的教学方法肯定不是集中关注教义式的问题或者以

“比较法”的名义进行教授。最佳的方法就是选择一个主题，然后提供不同法域如何处理此等主题的材料。

> 库尔特·利普斯坦（Kurt Lipstein 1992，258）恰当地描述了这种理想化的过程：“学生必须利用他自己的时间仔细研究阅读材料，在进入课堂之前可能参考更为深入的文献和在那里被援引的惯常做法。在课堂中，授课者将对就不熟悉的主题作报告的班级成员的陈述进行引申、汇总和解释……这种交流……需要指导讲师和听众更大程度地参与进来……”这种做法本身契合了不同的“教学理论”。其中的一种理论是问题导向式教学法（problem-based learning），包括马斯特里赫特大学法学院——对于该大学欧洲法学院课程的描述，可参见 Heringa & Akkermans（2011）——在内的世界各地的许多法学院都采用了此等理论。问题导向式教学法将针对精心设计之问题的小团体讨论而不是在大课堂上的系统性讲授视为刺激学习的主要因素。问题导向式教学法可以发挥很好的作用，如果它能充分地调整自身以适应法学教育并在更为宽泛的意义上被理解为关注于具有多种解决方案之问题的探讨。根据我个人的经验，授课者具备作为一位知名学者而非纯粹一名讨论的“推助者”的素质，乃是问题导向式教学法的一个至关重要的组成部分。正如乔治·斯蒂格勒（Stigler 1963，14）曾经所说的那样：他应当“激起真正的求知火花……表达出无尽的冒险精神和在追求知识之历程中的勇武行为”。
>
> 问题导向式教学法不是唯一一种能够契合旨在交流可选择的问题解决方案之观念的小团体教学的教学理论。苏格拉底教学法——以提问和回答为形式的授课者和学生之间的一种对话式教学法——同样也能够促进“深化”教学。在美

国的法学院中，苏格拉底教学法被视为一种相当成功的方法，它也能达到问题导向式教学法所能达到的两种目的：教导学生像一名法律人那样思考以及训练他们的技能。我认为问题导向式教学法和苏格拉底教学法在本质上并不存在区别，除了前者看上去偏爱最多包含12名学生的小团体教学这一事实之外。尽管如此，美国的经验表明，采用相同方法，针对较大群体的学生进行教学也是相当可行的。就此，亦可参见Rakof & Minow（2007）。

结　语

63. 四点主张

本书的起首谈到，在过去几十年里，法学研究的目的、方法和组织已经获得了大量的关注。接下来所探讨的内容可被视为一种力求解决这种“身份认同危机”的尝试。这个结语并没有对这种尝试进行详细地总结，而是强调本书所提出的四个主要观点。我认为，如果我们要重视法学研究并避免法律学者所面临的危机，这些观点就相当重要。

首先，对于法学研究所应承担的任务，需要一种更明确的构想。法律学者可以追求不同的目标，但是在我看来，他们所处学科的核心问题就是“人们在法律上应当做什么”。围绕着这一问题的研究方法就是识别、思考支持与反对某些解决方案的论据，以及观察这些论据在某个特定法域的规范性环境中能否被承认。由此，现有的法域被视为处理彼此冲突的不同规范性论据的“试验室”。要认识到法学之目的需要更加清晰之构想，人们无须接受我这种对于法学任务的特定解释。但若不接受这种解释，在其他可以准确描述其核心问题的学术科目中间，法学仍将是一门被鄙视的二流学科。

其次，这种解释毫无疑问地表明，法学不能纯粹地依赖立法机关和司法的权威来解答“我们在法律上应当做什么”这样的问题。掌权者们一直声称法律是由权力机关颁布的，因此没有什么比上帝将十诫颁给摩西、德尔斐的神谕将斯巴达法律授予莱克格斯或者拿破仑实施的《法国民法典》等问题更适合作进一步地探讨了。法学家们更明白这一点。学者参与到法律之中（至少在规范性意义上）的关键就在于一次又一次地展示出我们可以如何辩论“应当做什么”的问题，即便多数人对此已经达成了共识。这种说法的理论基础就是将法律视作一个有机生长的“经无数严谨且博学之人不断塑造与完善”的整体（正如霍布斯的《一位哲学家与英格兰普通法学者的对话》一书中的学者所说的那样）。

本书提出的第三个主张是，法学研究最重要的是要提供一种思维方式：尽管实在法的内容可以被修改，但是法律学术必须将提出一种能够处理可获取之材料的方法作为奋斗目标。此外，本书所提出的“实证－规范性”方法不需要被视为一种唯一正确的方法：只要公认将法学研究定位为一种思维方式，那么这种方法就再也不会依赖于实在法的纯属偶然的内容。同样，这也不可避免地将法学转变成为一门国际性的学科。这种情况下，在解答“我们在法律上应当做什么”的问题上仅仅使用内国的材料显然并不足够。

最后一个主张，如果有什么不同的话，就是法学研究必须具有原创性，而且为了培养与孕育创新能力，必须倡导一种能够给予有天赋的研究人员之自由的科研文化。如果过于严格地实行，片面地关注绩效评估的“市场思维”将只可能妨碍自由地交流思想，阻遏创造力和积极性的发挥。同时，法学院应当认识和理解到研究质量能够以不同的类型出现，这也相当重要。对于研究类型和单一的“最佳”教学方法的限制，不太可能确保产生一种高质量的成果。

总而言之，本书提出的观点是法学不要过多地受到其他学科的目的和方法的影响，这些学科往往局限于理解社会现实或者物理现实。相反，法律学科必须要做的就是充分利用它自己的优势，反思个人和组织在法律上应当做些什么。

参考文献

1. Ankersmit, F.R. (2001), *Historical Representation*, Stanford: Stanford University Press.

2. Aristotle (340 BC), *Nicomachean Ethics*, ed. J. Henderson (1934), Loeb Classical Library 73, Cambridge Mass.: Harvard University Press.

3. Ash, M.G. (2003), 'Psychology', in T.M. Porter & D. Ross (eds.), *The Cambridge History of Science:* Vol. 7*: The Modern Social Sciences*, Cambridge: Cambridge University Press, pp. 251–274.

4. Atiyah, P.S. (1980), 'From Principles to Pragmatism', *Iowa Law Review*, 65, pp. 1249–1272.

5. Atiyah, P.S. & R.S. Summers (1987), *Form and Substance in Anglo-American Law*, Oxford: Oxford University Press.

6. Backhouse, R.E. (1997), *Truth and Progress in Economic Knowledge*, Cheltenham: Edward Elgar.

7. Bacon, F. (1620), *The New Organon*, ed. F.H. Anderson (1960), New York: The Liberal Arts Press.

8. Baldwin, J. & G. Davis (2003), 'Empirical Research in Law', in P. Cane & M. Tushnet (eds.), *The Oxford Handbook of Legal Studies*, Oxford: Oxford University Press, pp. 880–900.

9. Bar, C. Von & E. Clive (eds.)(2009a), *Principles*, *Definitions and Model Rules of European Private Law: Draft Common Frame of Reference*, München: Sellier.

10. Bar, C. Von et al. (eds.)(2009b), *Principles, Definitions and Model Rules of European Private Law: Draft Common Frame of Reference: Outline edition*, München: Sellier.

11. Barendrecht, M. (2003), *Cooperation in transactions and disputes: a problem-solving legal system, available at* <www.ssrn.com> (accessed February 2012).

12. Becher, T. (1989), *Academic Tribes and Territories*, Milton Keynes: Open University Press.

13. Beck, U. (2003), 'Toward a New Critical Theory with a Cosmopolitan Intent', *Constellations*, 10, pp. 453–468.

14. Becker, G.S. (1992), 'The Economic Way of Looking at Life', Nobel Lecture in Economics, available at <www.nobelprize.org> (accessed February 2012).

15. Bell, J. (2003), 'Legal Education', in P. Cane & M. Tushnet (eds.), *The Oxford Handbook of Legal Studies*, Oxford: Oxford University Press, pp. 901–919.

16. Benda-Beckmann, F. Von (1979), *Property in Social Continuity*, The Hague: Nijhoff.

17. Bentham, J. (1789), *An Introduction to the Principles of Morals and Legislation*, ed. J.H. Burns & H.L.A. Hart (1970), Oxford: Clarendon Press.

18. Berlin, I. (1969), 'Two Concepts of Liberty', *in Four Essays on Liberty*, Oxford: Oxford University Press.

19. Bernhart, C. (2008), *Regeln der Jurisprudenz: Die Grundsätze und Methoden der Rechtswissenschaft als Professionelle Standards*, Berlin: Duncker & Humblot.

20. Bevan, G. & C. Hood (2006), 'What's Measured is What Matters: Targets and Gaming in the English Public Health Care System',

Public Administration, 84, pp. 517–538.

21. Birks, P. (1985), *An Introduction to the Law of Restitution*, Oxford: Clarendon Press.

22. Bix, B. (1996), *Jurisprudence: Theory and Context*, 5th ed., (2009), London: Sweet & Maxwell.

23. Bok, D. (2004), *Universities in the Marketplace: The Commercialization of Higher Education*, Princeton: Princeton University Press.

24. Bonnet, D. (2006), *L'Essentiel de la Méthodologie Juridique*, Paris: Ellipses.

25. Boulton, G. and C. Lucas (2008), 'What are Universities for?', Position paper for League of European Research Universities, available at <www.leru.org> (accessed February 2012).

26. Bourdieu, P. (1984), *Distinction: A Social Critique of the Judgement of Taste, translation by R. Nice of La Distinction: Critique Sociale du Jugement* (1979), London: Routledge.

27. Brown, R. (ed.)(2011), *Higher Education and the Market*, New York: Routledge.

28. Bruijn, H. de (2002), *Managing Performance in the Public Sector*, London: Routledge.

29. Burca, G. de (2008), 'Developing Democracy Beyond the State', *Columbia Journal of Transnational Law*, 46, pp. 101–158.

30. Bydlinski, F. (2003), *System und Prinzipien des Privatrechts*, Wien: Springer.

31. Calliess, G.-P. & P. Zumbansen (2010), *Rough Consensus and Running Code: A Theory of Transnational Private Law*, Oxford: Hart Publishing.

32. Canaris, C.-W. (1971), *Die Vertrauenshaftung im Deutschen Privatrecht*, München: Beck.

33. Canaris, C.-W. (1983), *Systemdenken und Systembegriff in der Jurisprudenz*, Berlin: Duncker & Humblot.

34. Chemerinsky, E. (2009), 'Why Write?' *Michigan Law Review*, 107, pp. 881–894.

35. Cicero (55 BC), *On the Orator*, ed. E.W. Sutton and H. Rackham (1942), Loeb CL 348, Cambridge Mass.: Harvard University Press.

36. Coase, R.A. (1960), 'The Problem of Social Cost', *Journal of Law and Economics*, 3, pp. 1–44.

37. Collier, C.W. (1991), 'The Use and Abuse of Humanistic Theory in Law: Reexamining the Assumption of Interdisciplinary Legal Scholarship', *Duke Law Journal*, 41, pp. 191–273.

38. Cook, H. et al. (2009), 'Journals under Threat', *Medical History*, 53, pp. 1–4.

39. Cownie, F. (2004), *Legal Academics: Culture and Identities*, Oxford: Hart Publishing.

40. Crombag, H.F.M. (2006), 'De Keuze van Hans Crombag', *De Academische Boekengids*, (issue 55), p. 19.

41. Dannemann, G. (2006), 'Comparative Law: Study of Similarities or Differences?', in M. Reimann & R. Zimmermann (eds.), *The Oxford Handbook of Comparative Law*, Oxford: Oxford University Press, pp. 383–419.

42. Darwin, C. (1859), *On The Origin of Species by Means of Natural Selection*, London: John Murray.

43. Debreu, G. (1991), 'The Mathematization of Economic Theory', *American Economic Review*, 81, pp. 1–7.

44. Dennett, D.C. (1995), *Darwin's Dangerous Idea: Evolution and the Meanings of Life*, London: Allen Lane.

45. Dilger, A. (2011), 'Die Gemeinschaft der Lehrenden und

Lernenden', Centre for Interdisciplinary Economics Working Paper, University of Münster 1/2011, available at <www.wiwi.uni-muenster.de/ciw>(accessed February 2012).

46. Donohue, J. & J.J. Wolfers (2006), 'The Death Penalty: No Evidence for Deterrence', *The Economists' Voice* (issue 3.5).

47. Dow, S.C. (2002), *Economic Methodology: An Inquiry*, Oxford: Oxford University Press.

48. Dworkin, R. (1986), *Law's Empire*, Cambridge Mass.: Harvard University Press.

49. Edmond, G. (2008), 'Judging the Scientific and Medical Literature: Some Legal Implications of Changes to Biomedical Research and Publication', *Oxford Journal of Legal Studies*, 28, pp. 523–561.

50. Edwards, H.T. (1992), 'The Growing Disjunction between Legal Education and the Legal Profession', *Michigan Law Review*, 91, pp. 34–78.

51. Ehrlich, E. (1913), *Fundamental Principles of the Sociology of Law*, translation by W.L. Moll (1936) of *Grundlegung der Soziologie des Rechts*, Cambridge Mass.: Harvard University Press.

52. Ellickson, R.C. (1991), *Order Without Law: How Neighbors Settle Disputes*, Cambridge Mass.: Harvard University Press.

53. Ellickson, R.C. (2000), 'Trends in Legal Scholarship: A Statistical Study', *Journal of Legal Studies*, 29, pp. 517–543.

54. Engel, C. & W. Schön (eds.) (2007), *Das Proprium der Rechtswissenschaft*, Tübingen: Mohr Siebeck.

55. Engisch, K. (1956), *Einführung in das Juristische Denken*, 7th ed. (1977), Stuttgart: Kohlhammer.

56. Epstein, L. & G. King (2002), 'The Rules of Inference', *University of Chicago Law Review*, 69, pp. 1–133.

57. Erasmus (1511), *In Praise of Folly*, translation by J. Wilson

(2003) of Stultitiae Laus, Mineola: Dover Publications.

58. European Commission (2010), *Assessing Europe's University-Based Research* (Report of the Expert Group), EUR 24187 EN, available at <http://ec.europa.eu/research-eu>.

59. Faure, M.G. & J.M. Smits (eds.)(2011), *Does Law Matter? On Law and Economic Growth*, Cambridge-Antwerp: Intersentia.

60. Feenstra, R. (1974), 'l' Influence de la Scolastique Espagnole sur Grotius en Droit Privé' (1973), in R. Feenstra, *Fata Iuris Romani*, Leyde: Presse Universitaire, pp. 338–363.

61. Feinman, J.M. (1989), 'The Jurisprudence of Classification', *Stanford Law Review*, 41, pp. 661–717.

62. Feldbrugge, F.J.M. (ed.)(2003), *The Law's Beginnings*, Leiden: Nijhoff.

63. Feyerabend, P.K. (1975), *Against Method*, London: Humanities Press.

64. Feynman, R. (1964), *The Feynman Lectures on Physics*, Reading Mass.: Addison-Wesley.

65. Feynman, R. (1999), *The Pleasure of Finding Things Out*, Cambridge Mass.: Perseus.

66. Field, D.D. (1859), *The Magnitude and Importance of Legal Science*, New York: William J. Read.

67. Finnis, J. (1980), *Natural Law and Natural Rights*, Oxford: Clarendon Press.

68. Finnis, J. (1997), 'Commensuration and Public Reason', in R. Chang (ed.), *Incommensurability, Incomparability and Practical Reason*, Cambridge Mass.: Harvard University Press, pp. 215–233.

69. Fish, S. (1984), 'Fish v. Fiss', *Stanford Law Review*, 36, pp. 1325–1347.

70. Fletcher, G.P. (1981), 'Two Modes of Legal Thought', *Yale Law Journal*, 90, pp. 970–1003.

71. Flyvbjerg, B. (2001), *Making Social Science Matter; Why Social Inquiry Fails and How It Can Succeed Again*, Cambridge: Cambridge University Press.

72. Frey, B.S. & M. Osterloh (2006), *Evaluations: Hidden Costs, Questionable Benefits, and Superior Alternatives*, Institute for Empirical Research in Economics University of Zürich Working Paper 302, available at <www.ssrn.com> (accessed February 2012).

73. Fried, C. (1981), *Contract as Promise: A Theory of Contractual Obligation*, Cambridge Mass.: Harvard University Press.

74. Friedman, D.D. (2000), *Law's Order: What Economics Has to Do with Law and Why It Matters*, Princeton: Princeton University Press.

75. Friedman, L.M. (1973), *A History of American Law*, 3rd ed. (2005), New York: Simon and Schuster.

76. Fuller, L. (1969), *The Morality of Law*, revised edition, New Haven: Yale University Press.

77. Gadamer, H.-G. (1960), *Truth and Method*, translation by J. Weinsheimer & D.G. Marshall of *Wahrheit und Methode* (1981), London: Sheed and Ward.

78. Gay, V. (2009), *Progress and Values in the Humanities: Comparing Culture and Science*, New York: Columbia University Press.

79. Geertz, C. (2001), 'Empowering Aristotle: A Review', *Science*, 293 (5527), p. 53.

80. Genn, H. (1999), *Paths to Justice*, Oxford: Hart Publishing.

81. Gerven, W. van (1999), 'The Effect of Proportionality on the Actions of Member States of the European Community: National Viewpoints from Continental Europe', in E. Ellis (ed.), *The Principle of*

Proportionality in the Laws of Europe, Oxford: Hart Publishing, pp. 37–63.

82. Gestel, R. van & J. Vranken (2011), 'Assessing Legal Research: Sense and Nonsense of Peer Review versus Bibliometrics and the Need for a European Approach', *German Law Journal*, 12, pp. 901–929.

83. Gestel, R. van & H.-W. Micklitz (2011), 'Revitalizing Doctrinal Legal Research in Europe: What about Methodology?', EUI Working Papers Law 2011/05, available at <www.ssrn.com> (accessed February 2012).

84. Glenn, H. P. (2003), 'A Transnational Concept of Law', in P. Cane & M. Tushnet (eds.), *The Oxford Handbook of Legal Studies*, Oxford: Oxford University Press, pp. 839–862.

85. Glenn, H. P. (2006), 'Aims of Comparative Law', in J.M. Smits (ed.), *Elgar Encyclopedia of Comparative Law*, Cheltenham: Edward Elgar, pp. 57–65.

86. Gordon, W.M. (2007), 'Legal Tradition, with Particular Reference to Roman Law', in W.M. Gordon, *Roman Law, Scots Law and Legal History: Selected Essays*, Edinburgh: Edinburgh University Press, pp. 362–375.

87. Gould, S.J. (2003), *The Hedgehog, the Fox and the Magister's Pox*, New York: Harmony.

88. Groot, A.D. de (1969), *Methodology: Foundations of Inference and Research in the Behavioural Sciences*, The Hague-Paris: Mouton.

89. Grotius (1625), *De Jure Belli ac Pacis*, ed. De Kanter-van Hettinga Tromp/Feenstra (1993), Aalen: Scientia.

90. Guerin, W. et al., (2010), *A Handbook of Critical Approaches to Literature*, 6th ed., Oxford: Oxford University Press.

91. Habermas, J. (1968), *Knowledge and Human Interest*, translation by J. Knowlton & T. Cates (1987), of Erkenntnis und Interesse,

Cambridge: Polity Press.

92. Hage, J. (2011), 'The Method of a Truly Normative Legal Science', in M. Van Hoecke (ed.), *Methodologies of Legal Research*, Oxford: Hart Publishing, pp. 19–44.

93. Hand, L. (1926), 'Have the Bench and the Bar Anything to Contribute to the Teaching of Law?', *Michigan Law Review*, 24, pp. 466–482.

94. Hart, H.L.A. (1961), *The Concept of Law*, 2nd ed. (1997), Oxford: Oxford University Press.

95. Hayck, F.A. (1968), 'Competition as a Discovery Procedure', translation by M.S. Snow (2002), of 'Der Wettbewerb als Entdeckungsverfahren', *The Quarterly Journal of Austrian Economics*, 5, pp. 9–23.

96. Hayek, F.A. (1973–1979), *Law*, *Legislation and Liberty*, London: University of Chicago Press.

97. Hayek, F.A. (1988), *The Fatal Conceit*, Chicago: University of Chicago Press.

98. Heise, M. (2002), 'The Past, Present, and Future of Empirical Legal Scholarship: Judicial Decisionmaking and the New Empiricism', *University of Illinois Law Review*, pp. 819–850.

99. Heringa, A.W. & Akkermans, B. (eds.) (2011), *Educating European Lawyers*, Cambridge, Antwerp: Intersentia.

100. Hesen, G.G. (2009), 'The Empirics of Contracts', PhD thesis, Maastricht University.

101. Hesselink, M.W. (2009), 'A European Legal Method? On European Private Law and Scientific Method', *European Law Journal*, 15, pp. 20–45.

102. Hesselink, M.W. (2010), 'A Spontaneous Order for Europe? Why

Hayek's Libertarianism is Not the Right Way Forward for European Private Law', in H.W. Micklitz & F. Cafaggi (eds.), *After the Common Frame of Reference – What Future for European Private Law?*, Cheltenham: Edward Elgar, pp. 123–146.

103. Heyne, P. et al. (1973), *The Economic Way of Thinking*, 10th ed. (2002), Upper Saddle River: Prentice Hall.

104. Hobbes, T. (1681), *A Dialogue Between a Philosopher and A Student of the Common Laws of England*, ed. Q. Skinner (2005), Oxford: Clarendon Press.

105. Hoebel, E.A. (1967), *The Law of Primitive Man*, (2006), Cambridge Mass.: Harvard University Press.

106. Hoecke, M. Van (ed.) (2011), *Methodologies of Legal Research*, Oxford: Hart Publishing.

107. Hoeren, T. (ed.) (2001), *Zivilrechtliche Entdecker*, München: Beck.

108. Hoetink, H.R. (1929), 'On Understanding Foreign Law', translation by K. Maddock (1986) of 'Over Het Verstaan van Vreemd Recht', *in Opera Selecta*, Zutphen: Terra Publishing, pp. 23–52.

109. Holleman, J.G. (ed.) (1981), *Van Vollenhoven on Indonesian Adat Law*, The Hague: Nijhoff.

110. Holmes, O.W. (1870), 'Codes, and the Arrangement of the Law', *American Law Review* (1870), 5, pp. 1–13.

111. Holmes, O.W. (1881), *The Common Law*, ed. T.A. Schweich (2004), New York: Barnes & Noble.

112. Holmes, O.W. (1897), 'The Path of the Law', *Harvard Law Review*, 10, pp. 457–478.

113. Horwitz, M. (1977), *The Transformation of American Law 1780–1860*, Cambridge Mass.: Harvard University Press.

114. Hsieh, N. (2011), 'Incommensurable Values', in E.N. Zalta (ed.), *The Stanford Encyclopedia of Philosophy* (2011 Edition), available at <http://plato.stanford.edu/entries/value-incommensurable>.

115. Huizinga, J. (1919), *The Waning of the Middle Ages, translation by Fritz Hopman* (1924) *of Herfsttij der Middeleeuwen*, London: Edward Arnold.

116. Hume, D. (1748), *An Enquiry Concerning Human Understanding*, ed. L.A. Selby-Bigge (1975), 3rd ed., Oxford: Clarendon Press.

117. Hunt, A. & G. Wickham (1994), *Foucault and Law*: Towards a Sociology of Law as Governance, London: Pluto.

118. Husa, J. (2003), 'Farewell to Functionalism or Methodological Tolerance?' *Rabels Zeitschrift*, 67, pp. 417–447.

119. Husa, J. (2009), 'Turning the Curriculum Upside Down: Comparative Law as an Educational Tool for Constructing a Pluralistic Legal Mind', *German Law Journal*, 10, pp. 913–928.

120. Ibbetson, D. (2003), 'Historical Research in Law', in P. Cane & M. Tushnet (eds.), *Oxford Handbook of Legal Studies*, Oxford: Oxford University Press.

121. Ijzermans, M.G. & G.A.F.M. van Schaaijk (1999), *Oefening Baart Kunst*, 3rd ed. (2007), Den Haag: Boom Juridische uitgevers.

122. Ipsen, J. (2005), 'Ranking Juristischer Fakultäten in Deutschland', *Juristenzeitung* (2005), 60, pp. 424–427.

123. Jansen, N. (2005), 'Dogmatik, Erkenntnis und Theorie im Europäischen Privatrecht', *Zeitschrift für Europäisches Privatrecht*, 13, pp. 750–783.

124. Jansen, N. (2006), 'Comparative Law and Comparative Knowledge', in M. Reimann & R. Zimmermann (eds.), *The Oxford Handbook of Comparative Law*, Oxford: Oxford University Press, pp. 305–338.

125. Jansen, N. & R. Michaels (2007), 'Private Law and the State', *Rabels Zeitschrift*, 71, pp. 345–397.

126. Jansen, N. (2010), *The Making of Legal Authority*, Oxford: Oxford University Press.

127. Jestaz, Ph. & Ch. Jamin (2004), *La Doctrine*, Paris: Dalloz.

128. Jhering, R. Von (1868), *Ist die Jurisprudenz eine Wissenschaft*? O. Behrends (ed.) (1998), Göttingen: Wallstein.

129. Jhering, R. Von (1877), *Law as a Means to an End*, *translation by Isaak Husik* (1913) *of Der Zweck im Recht*. Boston: Boston Book Co.John, E. & D. McIver Lopes (eds.) (2004), *The Philosophy of Literature*, Oxford: Blackwell.

130. Jonsen, A.R. & S. Toulmin (1988), *The Abuse of Casuistry*, *Berkeley*: University of California Press.

131. Kant, I. (1785), *Groundwork of the Metaphysics of Morals*, *translation by M. Gregor* (2002) *of Grundlegung zur Metaphysik der Sitten*, Cambridge: Cambridge University Press.

132. Kantorowicz, H. (1906), 'The Battle for Legal Science,' translation by Cory Merrill (2011), of 'Der Kampf um die Rechtswissenschaft' *German Law Journal*, 12, pp. 2005–2030.

133. Kaplow, L. & S. Shavell (2002), *Fairness versus Welfare*, Cambridge Mass.: Harvard University Press.

134. Kelsen, H. (1934), *Pure Theory of Law*, translation by Max Knight (1967) of *Reine Rechtslehre*, Los Angeles: University of California Press.

135. Kennedy, D. (1976), 'Form and Substance in Private Law Adjudication', *Harvard Law Review*, 89, pp. 1685–1778.

136. Kirchmann, J. Von (1848), *Die Wertlosigkeit der Jurisprudenz als Wissenschaft*, Heidelberg: Manutius.

137. Kleinwächter, F. (1883), *Die Kartelle: ein Beitrag zur Frage der Organisation der Volkswirtschaft*, Innsbrück: Wagner.

138. KNAW (2005), *Judging Research on its Merits*, report by Council for the Humanities – Social Sciences Council, Amsterdam: Royal Netherlands Academy of Arts and Sciences.

139. KNAW (2011), *Quality Indicators for Research in the Humanities*, Amsterdam: Royal Netherlands Academy of Arts and Sciences.

140. Köndgen, J. (1981), *Selbstbindung ohne Vertrag*, Tübingen: Mohr Siebeck.

141. Koopmans, T. (1991), 'Denken en Doen in het Recht' (1978), in T. Koopmans, *Juridisch Stippelwerk*, Deventer: Kluwer, pp. 67–75.

142. Korobkin, R.B. (1999), 'Ranking Journals: Some Thoughts on Theory and Methodology', *Florida State University Law Review*, 26, pp. 851–876.

143. Korobkin, R.B. (2002), 'Empirical Scholarship in Contract Law: Possibilities and Pitfalls', *University of Illinois Law Review*, pp. 1033–1066.

144. Kronman, A.T. (1980), 'Contract Law and Distributive Justice', *Yale Law Journal*, 89, pp. 472–511.

145. Kronman, A. (2007), *Education's End*, New Haven: Yale University Press.

146. Kuhn, T. (1962), *The Structure of Scientific Revolution*, 2nd ed. (1970), Chicago: University of Chicago Press.

147. Lagendijk, A. (1995), 'Voortdurend in Strijd met Concurrenten', *Atheneum Illustre*, 3 (September 1995), pp. 17–21.

148. Lagendijk, A. (1997), 'Als het Moet sla ik Keihard Terug', interview *NRC Handelsblad*, 20 September 1997.

149. Lagendijk, A. (1998), 'Bedrijfsongeluk', *De Volkskrant*, 11

April 1998.

150. Larenz, K. (1960), *Methodenlehre der Rechtswissenschaft*, 6th ed. (1991), Berlin: Springer.

151. Latour, B. (1987), *Science in Action: How to Follow Scientists and Engineers Trough Society*, Cambridge Mass.: Harvard University Press.

152. Lawson, T. (1996), 'The Predictive Science of Economics?', in S.G. Medema & W.J. Samuels (eds.), *Foundations of Research in Economics: How Do Economists Do Economics?*, Cheltenham: Edward Elgar, pp. 163–174.

153. Leezenberg, M. & G. de Vries (2001), *Wetenschapsfilosofie voor geesteswetenschappen*, Amsterdam: Amsterdam University Press.

154. Legrand, P. (1997), 'Against a European Civil Code', *Modern Law Review*, 60, pp. 44–62.

155. Leiter, B. (1996), 'Legal Realism', in D. Patterson (ed.), *A Companion to Philosophy of Law and Legal Theory*, Cambridge Mass.: Blackwell, pp. 261–279.

156. Lessig, L. (2011), *Republic, Lost: How Money Corrupts Congress – and a Plan to Stop It*, New York: Twelve.

157. Levitt, S.D. & J.J. Donohue (2001), 'The Impact of Legalized Abortion on Crime', *Quarterly Journal of Economics*, 116, pp. 379–420.

158. Levitt, S.D. & S.J. Dubner (2005), *Freakonomics*, New York: William Morrow.

159. Lindo, C. (2009), 'Tussen Ideaal en Nuchterheid; Interview with the New President of the Hoge Raad, Mr G.J.M. Corstens', *Nederlands Juristenblad*, 84, pp. 1074–1081.

160. Lipstein, K. (1992), 'European Legal Education in the Future: Teaching the "Common Law of Europe"', in B. De Witte & C. Forder (eds.), *The Common Law of Europe and the Future of Legal Education*,

Deventer: Kluwer, pp. 255–263.

161. Llewellyn, K.N. (1930), *The Bramble Bush: On Our Law and Its Study*, New York: Oceana.

162. Llewellyn, K.N. & E.A. Hoebel (1941), *The Cheyenne Way: Conflict and Case Law in Primitive Jurisprudence*, Norman: Oklahoma University Press.

163. Lorenz, C. (ed.)(2008), *If You're So Smart, Why Aren't You Rich? Universiteit, Markt & Management*, Amsterdam: Boom.

164. Low, G. (2010), *European Contract Law between the Single Market and the Law Market*, PhD thesis, Maastricht University.

165. Macaulay, S. (1963), 'Non-Contractual Relations in Business: a Preliminary Study', *American Sociological Review*, 28, pp. 55–67.

166. MacCormick, N. (1978), *Legal Reasoning and Legal Theory*, Oxford: Clarendon Press.

167. MacIntyre, A.C. (1981), *After Virtue: A Study in Moral Theory*, Notre Dame: University of Notre Dame Press.

168. Maine, H.J. Sumner (1861), *Ancient Law*, London: John Murray.

169. Mak, C. (2007), 'Harmonising Effects of Fundamental Rights in European Contract Law', *Erasmus Law Review*, 1, pp. 59–79.

170. Markesinis, B.S. & J. Fedtke (2005), 'The Judge as Comparatist', *Tulane Law Review*, 80, pp. 11–167.

171. Martinek, M. (1991–1993), *Moderne Vertragstypen*, 3 vols., München: Beck.

172. Mastronardi, P. (2001), *Juristisches Denken*: Eine Einführung, Stuttgart: UTB.

173. Mataja, V. (1888), *Das Recht des Schadenersatzes vom Standpunkte der Nationalökonomie*, Leipzig: Duncker und Humblot.

174. McCrudden, C. (2006), 'Legal Research and the Social

Sciences', *Law Quarterly Review*, 122, pp. 632–650.

175. McKloskey, D.N. (1983), 'The Rhetoric of Economics', *Journal of Economic Literature*, 21, pp. 481–517.

176. Meijers, E.M. (1903), *Dogmatische Rechtswetenschap*, Amsterdam: Belinfante.

177. Menand, L. (ed.)(1997), *Pragmatism*, New York: Vintage Books.

178. Merton, R.K. & E. Barber (2006), *The Travels and Adventures of Serendipity*, Princeton: Princeton University Press.

179. Merwe, D. van der (1996), 'Property in Mixed Legal Systems: South Africa', in G.E. van Maanen & A.J. van der Walt (eds.), *Property Law on the Threshold*, Antwerpen: Intersentia, pp. 355–389.

180. Michaels, R. & N. Jansen (2006), 'Private Law Beyond the State? Europeanization, Globalization, Privatization', *American Journal of Comparative Law*, 54, pp. 843–890.

181. Michaels, R. (2011), 'Of Islands and the Ocean: the Two Rationalities of European Private Law', in R. Brownsword, H. Micklitz, L. Niglia & S. Weatherill (eds.), *The Foundations of European Private Law*, Oxford: Hart Publishing, pp. 139–158.

182. Millgram, E. (1997), 'Incommensurability and Practical Reasoning', in R. Chang (ed.), *Incommensurability, Incomparability and Practical Reason*, Cambridge: Harvard University Press, pp. 151–169.

183. Monateri, P.G. (2000), 'Black Gaius: A Quest for the Multicultural Origins of the "Western Legal Tradition"', *Hastings Law Journal*, 51, pp. 479–555.

184. Morgan, B. & K. Yeung (2007), *An Introduction to Law and Regulation*, Cambridge: Cambridge University Press.

185. Morgan, M.S. (2003), 'Economics', in T.M. Porter & D. Ross

(eds.), *The Cambridge History of Science* Vol. 7: *The Modern Social Sciences*, Cambridge: Cambridge University Press, pp. 275–305.

186. Morisette, Y.-M. (2002), 'McGill' s Integrated Civil and Common Law Program', *Journal of Legal Education*, 52, pp. 12–28.

187. Muir-Watt, H. (2011), 'The Epistemological Function of "la Doctrine"', in M. Van Hoecke, *Methodologies of Legal Research*, Oxford: Hart Publishing, pp. 123–131.

188. Nuffield Foundation (2006), *Law in the Real World: Improving Our Understanding of How Law Works*, London, November 2006.

189. Nussbaum, M.C. (1986), *The Fragility of Goodness*, Cambridge: Cambridge University Press.

190. Nussbaum, M.C. (1995), *Poetic Justice: the Literary Imagination and Public Life*, Boston: Beacon Press.

191. Nussbaum, M. (2003), 'Cultivating Humanity in Legal Education', *University of Chicago Law Review*, 70, pp. 265–279.

192. Ogus, A. (2006). *Costs and Cautionary Tales*, Oxford: Hart Publishing.

193. Oostrom, F. van (2006), *Onderzoekend Onderwijs*, jaarrede KNAW, Amsterdam: KNAW.

194. Oostrom, F. van (2007), *Markt en Ziel*, jaarrede KNAW, Amsterdam: KNAW.

195. Osterloh, M. & B.S. Frey (2010), *Academic Rankings and Research Governance*, *CREMA Working Paper* 2010/2, *available at <www.ssrn.com>* (accessed February 2012), (revised German version published as *Die Krankheit der Wissenschaftin Frankfurter Allgemeine Zeitung* 21 July 2007, p. 13).

196. Patterson, D. (2001), 'Normativity and Objectivity in Law', *William & Mary Law Review*, 43, pp. 325–363.

197. Pels, D. (2003), *Unhastening Science; Autonomy and Reflexivity in the Social Theory of Knowledge*, Liverpool: Liverpool University Press.

198. Perelman, C. (1980), *Justice, Law, and Argument: Essays on Moral and Legal Reasoning*, Dordrecht: Reidel.

199. Pimont, S. (2006), 'A Propos de l' Activité Doctrinale Civiliste: Quelques Questions dans l' Air du Temps', *Revue Trimestrielle de Droit Civil*, pp. 707–718.

200. Popper, K. (2002), *The Logic of Scientific Discovery* (1959), London: Routledge.

201. Porter, T.M. (1995), *Trust in Numbers*, Princeton: Princeton University Press.

202. Posner, E.A. (2000), *Law and Social Norms*, Cambridge Mass.: Harvard University Press.

203. Posner, R.A. (1983), *The Economics of Justice*, Cambridge Mass.: Harvard University Press.

204. Posner, R.A. (1987), 'The Decline of Law as an Autonomous Discipline 1962–1987', *Harvard Law Review*, 100, pp. 761–780.

205. Posner, R.A. (1990), *The Problems of Jurisprudence*, Cambridge Mass.: Harvard University Press.

206. Posner, R.A. (1995), *Overcoming Law*, Cambridge Mass.: Harvard University Press.

207. Posner, R.A. (2002), 'Legal Scholarship Today', *Harvard Law Review*, 115, pp. 1314–1326.

208. Posner, R.A. (2003), *Law, Pragmatism, and Democracy*, Cambridge Mass.: Harvard University Press.

209. Posner, R.A. (2007), 'In Memoriam: Bernard D. Meltzer (1914–2007)', *University of Chicago Law Review*, 74, pp. 435–438.

210. Posner, R.A. (2011), *Economic Analysis of Law* (1972), 8th

ed., New York:Aspen.

211. Purnhagen, K. (2013), 'The Architecture of Post-National European Contract Law from a Phenomenological Perspective – A Question of Institutions', *Rabels Zeitschrift*, 77 (forthcoming).

212. Rakoff, T.D. & M. Minow (2007), 'A Case for Another Case Method', *Vanderbilt Law Review*, 60, pp. 597–607.

213. Rawls, J. (1971), *A Theory of Justice*, revised ed. (1999), Cambridge Mass.: Harvard University Press.

214. Regini, M. (ed.) (2011), *European Universities and the Challenge of the Market*, Cheltenham: Edward Elgar.

215. Rhode, D. (2002), 'Legal Scholarship', *Harvard Law Review*, 115, pp. 1327–1361.

216. Riley, K.F. & M.P. Hobson (2006), *Mathematical Methods for Physics and Engineering*, Cambridge: Cambridge University Press.

217. Rosenberg, A. (1992), Economics – *Mathematical Politics or Science of Diminishing Returns*, Chicago: University of Chicago Press.

218. Rothacker, E. (1954), *Die Dogmatische Denkform in den Geisteswissenschaften und das Problem des Historismus*, Akad. der Wissenschaften und der Literatur; Abh. der Geistes und Soz.w. Kl. 1954–6, Mainz: Akademie der Wissenschaften und der Literatur.

219. Ruane, J.M. (2005), *Essentials of Research Methods: A Guide to Social Science Research*, Oxford: Blackwell.

220. Rubin, E.L. (1988), 'The Practice and Discourse of Legal Scholarship', *Michigan Law Review*, 86, 1835–1905.

221. Rubin, E.L. (1996), 'Legal Scholarship', in D. Patterson (ed.), *A Companion to Philosophy of Law and Legal Theory*, Cambridge Mass.: Blackwell, pp. 562–572.

222. Saffer, H. & F. Chaloupka (2000), 'The Effect of Tobacco

Advertising Bans on Tobacco Consumption', *Journal of Health Economics*, 19, pp. 1117–1137.

223. Salmon, M.H. et al. (eds.) (1999), *Introduction to the Philosophy of Science*, Indianapolis: Hackett.

224. Samuel, G. (2008), 'Is Law Really a Social Science? A View from Comparative Law', *Cambridge Law Journal*, 67, pp. 288–321.

225. Samuel, G. (2009), 'Can Legal Reasoning be Demystified?', *Legal Studies*, 29, pp. 181–210.

226. Sandel, M.J. (2009), *Justice: What's The Right Thing To Do?* London: Allen Lane.

227. Savigny, F.C. Von (1814), *Of the Vocation of our Age for Legislation and Jurisprudence*, translation by Abraham Hayward (1831) of *Vom Beruf unsrer Zeit für Gesetzgebung und Rechtswissenschaft*, London: Littlewood.

228. Savigny, F.C. Von (1840–1848), *System of the Modern Roman Law*, translation by William Holloway (1979) of *System des Heutigen Römischen Recht*, Westport Conn.: Hyperion Press.

229. Scalia, A. (1996), 'Commentary', *St. Louis University Law Journal*, 40, pp. 1119–1122.

230. Schama, S. (1987), *The Embarrassment of Riches*, London: Collins.

231. Schauer, F. (2009), *Thinking Like a Lawyer*, Cambridge Mass.: Harvard University Press.

232. Schneider, L. et al. (1981), 'Government Regulation of Cigarette Health Information', *Journal of Law & Economics*, 24, pp. 575–612.

233. Schoordijk, H.C.F. (1972), *Oordelen en Vooroordelen*, Deventer: Kluwer.

234. Schröder, J. (2001), *Recht als Wissenschaft*, München: Beck.

235. Schroeder, J.L. (2002), *Apples and Oranges: The Commensurability Debate in Legal Scholarship*, Cardozo Law School Public Law Paper 48, available at <www.ssrn.com> (accessed February 2012).

236. Schweber, H. (1999), 'The "Science" of Legal Science: The Model of the Natural Sciences in Nineteenth-Century American Legal Education', *Law and History Review*, 17, pp. 421–466.

237. Shapin, S. (2008), *The Scientific Life: A Moral History of a Late Modern Vocation*, Chicago: University of Chicago Press.

238. Shaughnessy, J. et al. (1985), *Research Methods in Psychology*, 9th ed., (2011), Boston: McGraw Hill.

239. Shleifer, A. & E.L. Glaeser (2002), 'Legal Origins', *Quarterly Journal of Economics*, 117, pp. 1193–1229.

240. Siems, M.M. (2008), 'Legal Originality', *Oxford Journal of Legal Studies*, 28, pp. 147–162.

241. Singer, J.W. (2009), 'Normative Methods for Lawyers', *UCLA Law Review*, 56, pp. 899–982.

242. Smith, H. (2009), *Individual and Institutional Authority: The Turn-of-the-Century Quest to Abolish the Dissenting Opinion*, Yale Law School Student Prize Papers, available at <www.ssrn.com> (accessed February 2012).

243. Smith, S.D. (1992), 'In Defense of Traditional Legal Scholarship: A Comment', *University of Colorado Law Review*, 63, pp. 627–640.

244. Smits, J.M. (2002a), *The Making of European Private Law*, Antwerp, Oxford, New York: Intersentia.

245. Smits, J.M. (2002b), 'How to Predict the Differences in Uniformity between Different Areas of a Future European Private Law? An Evolutionary Approach', in A. Marciano & J.-M. Josselin (eds.), *The*

Economics of Harmonizing European Law, Cheltenham: Edward Elgar, pp. 50–70.

246. Smits, J.M. (ed.)(2005), *The Need for a European Contract Law*, Groningen: Europa Law Publishing.

247. Smits, J.M. (2006), 'Comparative Law and its Influence on National Legal Systems', in M. Reimann & R. Zimmermann (eds.), *The Oxford Handbook of Comparative Law*, Oxford: Oxford University Press, pp. 477–512.

248. Smits, J.M. (2008a), 'Human Dignity and Uniform Law: an Unhappy Relationship', in Olivier Moréteau, Julio Romanach, Alberto Zuppi (eds.), *Essays in Honor of Saúl Litvinoff*, Baton Rouge: Claitor, pp. 749–760.

249. Smits, J.M. (2008b), 'The German Schuldrechts modernisierung and the New Dutch Civil Code: a Study in Parallel', in O. Remien (ed.), *Schuldrechtsmodernisierung und Europäisches Vertragsrecht*, Tübingen: Mohr Siebeck, pp. 117–131.

250. Smits, J.M. (2009a), 'Democracy and European Private Law', *European Journal of Legal Studies*, 2, pp. 26–40.

251. Smits, J.M. (2009b), 'Redefining Normative Legal Science: Towards an Argumentative Discipline', in F. Coomans et al. (eds.), *Methods of Human Rights Research*, Antwerp, Oxford: Intersentia, pp. 45–58.

252. Smits, J.M. (2010), 'The Draft Common Frame of Reference: How to Improve it?', in H.W. Micklitz & F. Cafaggi (eds.), *European Private Law after the Common Frame of Reference – What Future for European Private Law?*, Cheltenham: Edward Elgar, pp. 99–100.

253. Smits, J.M. (2011), 'European Legal Education, or: How to Prepare Students for Global Citizenship?', *The Law Teacher*, 45, pp. 163–180.

254. Snow, C.P. (1959), *The Two Cultures*, ed. S. Collini (1993), Cambridge: Cambridge University Press.

255. Sokal, A.D. (1996), 'A Physicist Experiments with Cultural Studies', *Lingua Franca* May/June 1996, pp. 62–64.

256. Stein, E. (2000), *Die Rechtswissenschaftliche Arbeit*, Tübingen: Mohr Siebeck.

257. Stigler, G. (1963), *The Intellectual and the Marketplace and Other Essays*, London: Free Press.

258. Stigler, G.J. (1965), The Economist and the State, *American Economic Review*, 55, pp. 1–18.

259. Stolker, C.J.J.M. (2003), '"Ja, Geléérd zijn Jullie Wel!" : over de Status van de Rechtswetenschap', *Nederlands Juristenblad*, 78, pp. 766–778.

260. Stolker, C.J.J.M. (2005), 'Legal Journals: In Pursuit of a More Scientific Approach', *European Journal of Legal Education*, 2, pp. 77–94.

261. Strauss, P. (2006), 'Transsystemia: Are We Approaching a New Langdellian Moment?' *Journal of Legal Education*, 56, pp. 161–171.

262. Strijbosch, F. (1996), 'De Rechtsantropologie in Nederland en in België', in J. Griffi ths (ed.), *De Sociale Werking van Recht*, 3rd ed., Nijmegen: Ars Aequi, pp. 534–542.

263. Study Group on Social Justice in European Private Law (2004), 'Social Justice in European Contract Law: a Manifesto', *European Law Journal*, 10, pp. 653–674.

264. Sunstein, C.R. & A. Vermeule (2006), 'Is Capital Punishment Morally Required? Acts, Omissions, and Life-Life Tradeoffs', *Stanford Law Review*, 58, pp. 703–750.

265. Sunstein, C.R. & J. Wolfers (2008), 'A Death Penalty Puzzle: The Murky Evidence For and Against Deterrence', *The Washington Post*, 30 June 2008, p. A11.

266. Supiot, A. (2005), *Homo Juridicus: Essai sur la Fonction Anthropologique du Droit*, Paris: Seuil.

267. Tallon, D. (1998), 'Les Faux Amis en Droit Comparé', in J. Basedow et al. (eds.), *Festschrift für Ulrich Drobnig zum siebztigen Geburtstag*, Tübingen: Mohr Siebeck, pp. 677–682.

268. Tamanaha, B.Z. (2006), *Law as a Means to an End*: Threat to the Rule of Law, Cambridge: Cambridge University Press.

269. Tao, T. (2007), 'What is Good Mathematics?', *Bulletin of the American Mathematical Society*, 44, pp. 623–634, available at <http:// arXiv:math/0702396v1>.

270. Tettinger, P.J. & T. Mann (2009), *Einführung in die Juristische Arbeitstechnik*, 4th ed., München: Beck.

271. Teubner, G. (1997), 'Breaking Frames: The Global Interplay of Legal and Social Systems', *American Journal of Comparative Law*, 45, pp. 149–169.

272. Thiel, S. van & F.L. Leeuw (2002), 'The performance paradox in the public sector', *Public Performance & Management Review*, 25, pp. 267–281.

273. Tijssen, H.E.B. (2009), 'De Juridische Dissertatie Onder de Loep', PhD thesis, Tilburg University.

274. Tiller, E.H. & F.B. Cross (2006), 'What is Legal Doctrine?' *Northwestern University Law Review*, 100, pp. 517–534.

275. Toulmin, S. (1990), *Cosmopolis: The Hidden Agenda of Modernity*, New York: Free Press.

276. Twining, W. (1994), *Blackstone's Tower: The English Law School*, London: Stevens & Sons.

277. Twining, W. & D.R. Miers (1976), *How To Do Things With Rules*, 5th ed. (2010), Cambridge: Cambridge University Press.

278. Ulen, T.S. (2002), A Nobel Prize in Legal Science: Theory, Empirical Work, and the Scientific Method in the Study of Law, *University of Illinois Law Review*, pp. 875–920.

279. Unger, R.M. (1986), *The Critical Legal Studies Movement*, Cambridge Mass.: Harvard University Press.

280. Vogenauer, S. (2006), 'An Empire of Light? II: Learning and Lawmaking in Germany Today', *Oxford Journal of Legal Studies*, 26, pp. 627–663.

281. Vranken, J.B.M. (2006), *Exploring the Jurist's Frame of Mind*, Deventer: Kluwer.

282. VSNU (2005), *Report Oordelen over Rechten* (Stolker report), Commissie Voorbereiding Onderzoeksbeoordeling Rechtsgeleerdheid, Den Haag: Association of Universities in the Netherlands.

283. VSNU (2007), Report *Naar Prestatie-Indicatoren voor Rechtswetenschappelijk Onderzoek* (Smits report), Commissie Prestatie-indicatoren en Ranking, Den Haag: Association of Universities in the Netherlands.

284. Walt, A.J. van der (1995), 'Marginal notes on Powerful Legends: Critical Perspectives on Property Theory', *Tydskrif vir Hedendaagse Romeins-Hollandse Reg*, 58, pp. 396–420.

285. Watson, A. (1994), 'The Importance of "Nutshells"', *American Journal of Comparative Law*, 42, pp. 1–23.

286. Watson, A. (2006), *The Shame of American Legal Education*, Lake Mary: Vandeplas Publishing.

287. Weber, M. (1922), *Economy and Society*, translation by E. Fischoff (1968), of *Wirtschaft und Gesellschaft*, New York: Bedminster Press.

288. Weber, M. (1922), 'Science as a Vocation', translation by H.H. Gerth & C. Wright Mills of 'Wissenschaft als Beruf' in H.H. Gerth & C.

Wright Mills (ed.) (1946), *From Max Weber: Essays in Sociology*, New York: Oxford University Press, pp. 129–156.

289. Weinrib, E.J. (1995), *The Idea of Private Law*, Cambridge Mass.: Harvard University Press.

290. Wendt, J.A.I. (2008), *De Methode der Rechtswetenschap Vanuit Kritisch-Rationeel Perspectief*, PhD thesis, Erasmus University Rotterdam.

291. Wilburg, W. (2000), *The Development of a Flexible System in the Area of Private Law*, translation by Herbert Hausmaninger of *Entwicklung eines Beweglichen Systems im Bürgerlichen Recht* (1950), Wien: Manzsche Verlag.

292. Wilhelmsson, T. (2002), 'The Legal, the Cultural and the Political: Conclusions from Different Perspectives on Harmonisation of European Contract Law', *European Business Law Review*, 13, pp. 541–556.

293. Wilson, E.O. (1998), *Consilience: The Unity of Knowledge*, London: Little, Brown and Company.

294. Wright, G.H. Von (1971), *Explanation and Understanding*, London: Routledge & Kegan Paul.

295. Zelst, B. van (2008), *The Politics of European Sales Law*, The Hague: Kluwer Law International.

296. Zimmermann, R. (1990), *The Law of Obligations: Roman Foundations of the Civilian Tradition*, Cape Town: Juta.

297. Zimmermann, R. (1997), 'The Civil Law in European Codes', in D.L. Carey Miller & R. Zimmermann (eds.), *The Civilian Tradition and Scots Law*, Berlin: Duncker & Humblot, pp. 259–293.

298. Zumbansen, P. & G.-P. Calliess (eds.) (2011), *Law, Economics and Evolutionary Theory*, Cheltenham: Edward Elgar.

299. Zweigert, K. (1964), 'Seriozitätsindizien', *Juristenzeitung*, 19, pp. 349–353.

索　引

译后记：在学术与政治之间的中国法学论争

从学术史的角度审视，围绕某种学科研究方法所产生之争议的多少与该学科的成熟程度往往是成反比的。如果说十年前邓正来教授发起“中国法学向何处去”的学术论争，因着眼于在中西学战中如何更好地挺拔中国法律学术话语的主体性这一“顶层设计”维度而倾向于引发研习“形而上学”之基础法学学人们的瞩目，那么，近些年在中国法学界无端冒出且似乎愈演愈烈的所谓“教义法学”与“社科法学”之争，则大体更多地聚焦于在转型中国外来规则短期内难以妥适内化于本土社会的情势下哪种法学研究更值得来做这一具体的操作问题，并因议题的“亲和性”而相应地吸引了更多关注“形而下学”之部门法学人的介入与参与。中国法学，基于其与生俱来的继受性质与远未定型的既有现状，围绕它的任何争议注定无法绕开中西文明如何互融这一基本的分析框架。由此，这场可堪称之为“中国法学向何处去”2.0版的学术论争，似乎既有其最初导源的彰显于外的世界语境，而且更有其深植于内的隐而不彰的本土维度。前者立基于纯粹的学术立场，而后者则往往呈现为表面暧昧实则具有内在指向的政治立场。在学术与政治的复杂纠葛之间，中国法学界的这场方兴未艾的内部论争仿佛给人一种“乱花渐欲迷人眼”的惶惑之感。

一

晚近以来，传统法学研究面临着重重压力。在欧美法治先进国家，一场围绕法学研究的目的和方法的讨论已经逐渐展开。虽涉及多个层面，但这场讨论所涉的核心问题却是，法律学者应该关注什么：围绕立法和判例法的传统进行研究并将其纳入法律“体系”之中，抑或一些更为高深的主题？在法学研究中应当采用的方法以及应当如何对这种研究进行评估？何种研究“更好”以及为何情况应是如此？在本质上，批判传统法学的矛头通常直接指向其所秉持的教义式的研究方法。该方法从内部视角出发来考察规则、原则和判例，并且将法律视作相对独立于社会、经济和政治现实的一种存在。然而，在批判者看来，真正的知识不可能建立在概念的建构、融贯性的追寻或者抽象理论的提出这些基础之上，相反，它应该建基于实证研究本身。在此等批判影响下，我们现在可以看到，欧美传统法学研究正在经历一种愈发跨学科化和实证化的转变态势。恰如美国法经济学家托马斯·尤伦所说的那样：“法学研究正面临着一种与惯常的法学探究方法截然不同的方式。简单地说，就是这一转变使得法学像高校中的其他学科那般，相信它自己就是在实践‘科学’”。何去何从，法学似乎站在了其漫长生涯的十字路口。在很大程度上，此等由美国学术霸权推助起来的社科法学进路（法律与 X 研究方法）与主要由德法等欧陆国家传统所支撑的教义法学之间的博弈，为中国当下的学术论争提供了一个鲜明的、可堪比照的域外语境。

那么，社科法学真的能够取代规范性的传统法学研究吗？在这本小书中，我留学荷兰之时的导师扬·斯密茨教授对此问题进行了系统的分析并对此给出了否定回答。以社科法学的典型代表实证分析法学为例，这种研究方法通过对法律参与者、制度、规则和程序进行研究，从而更好地了解它们如何运作以及它们产生了什么样的效应。因此，它并不关注法律规定了什么，而在于法律实际上产生了什么效果。在他看来，基于三种原因，此等进路无法替代传统的法学研究方法。其一，实证性研究倾向于将法律视为一种预设目标的工具，然而并非所有的法律都具有工具性，法律仍然拥有自己的理性，而且其成功并不取决于它能否实现一项政治目标或者被充作一种工具的程度。其二，实证性研究的结果很少指向同一个方向。即使一个主题业已获得了充分的研究，比如死刑的威慑效应或普通法系较之大陆法系是否更有利于经济发展这样著名的议题，然而针对经验证据实际证明了什么，仍会存在重大的意见分歧。其三，或许最为重要的是，尽管实证主义者经常声称他们可以给法律人提供相对客观的因果认知，然而就解决方案为何这个关键问题，往往最终仍不得不诉诸一种规范性的评价。换言之，法学本身具有的“不可化约的规范性”，决定了不应当是其他学科如何能够帮助法律学术研究变得更加“科学”，而应当是法学研究方法本身如何能够更好地满足人们对于一门学科之预期。不唯如此，根据托伊布纳和温里布的观点，法律是一个自创生体系，它在运行上虽是封闭的，但在认知上却是发展的。尽管在立法论上法教义学和社科法学处在同一起跑线上，但是其他学科的概念和理论要转变为法学的基因密码，则仍然要通过教义学来完成，而这恰恰是法教义学的最大独特价值所在。

二

传统教义式法学因受其他学科的冲击而引发未来法学应当何为的上述论争，乃西方法律科学成熟之后所遭逢的历时性问题，更多地聚焦于纯粹的学术维度，然当下中国“社科法学”与“教义法学”之间的方法论论争，则发生于中国法学远未定型这一“前现代”的特色情势之下，不仅呈现出一种共时性问题与历时性问题的交错与丛集，而且在诸如捍卫学科独立性之类学术话语的背后，往往潜藏着某种程度不一却立场鲜明的“左”“右”之争。而此等政治倾向的介入，常常会导致研讨议题的失焦、基本共识的丧失以及法律学术共同体内部的割裂。主要以部门法学人为主的教义法学者，基于知识吸纳与思维训练的泛西化导向，往往内在执拗地秉持着一种“法治中心主义”情结，并在实质上以三段论的推演形式将其表达：法治乃一种存在于西方的理想事物，中国之所以存在诸多问题，是因为欠缺这种事物，而相应的破解之道就在于中国必须移植甚至照搬西方。反观当下主要以所谓“政法法学”面目呈现的社科法学，研究进路主要立基于田野抵近观察及对新中国革命传统的重新阐释，进而呈现一幅更为丰富但决然无法做单向度、化约式解读的复杂现实图景，由此自然也难以得出可堪一蹴而就的因应之道。简化认知与繁化理解的对立，原本只是观察视角不同而引致的必然结果，然而，吊诡的是，却意外造就出学者之间政治取向的分歧：此等社科法学生产的智识成果往往容易被诸多法律自我东方化的教义法学者视为是对他们眼中的不健全的、无法的、甚至病态的社会现实的一种正当性辩护，乃典型的选择性学术站台和近乎无知的“法盲”“邪路”行径，旨在维持现状，迟延问题的解决进度，进而阻碍法治化的进程。

在这种意义上，当下“社科法学”与“教义法学”之争，与其说是世界范围内传统法学遭逢自身定位危机的外在辐射使然，毋宁更确切地说是中国当下知识界“左”“右”立场日趋分野之态势在法学圈中的具体投射。究其根本，两者的争点就在于中国法治体系之构建必须立基于本土政治现实还是只须单纯取法于舶自西方的规则本身这一问题。此等东西之争，之于百年中国，在每个历史阶段，自有其不同侧重之解读，于今更是如此。一方面，作为新自由主义全球化的结果，西方法律现代性话语在中国法律人观念中无疑获得了普遍认受：西方并非外在于中国人意识的参照框架，而是就在意识内部。此等认知现实决定了中国法治体系的构建路径决然离不开法教义学的孕育与指导，毕竟任何一种法治形态本质上皆为一种规则之治；另一方面，中国悠久的历史传承、厚重的革命传统以及影响日隆的国际地位，决定了不断崛起的这个东方大国不会继续如以往那般选择融入由西方所主宰的世界体系，而迫切需要制定自己的标准，确立自己的主体性，以期完成强汉盛唐式伟大复兴之梦想。此等远大追求，更是直接决定了中国新法治观念的生成、法治话语领导权之确立，不可能照搬已然出现诸多流弊的西方模式，而只能建基于中国现有的同时也在不断调适与完善的政法体制之上。事实上，这绝非一个“应否”的理论问题，而是一个“能否”的政治问题。

显然，本土取向的“社科法学”（政治思维）与西方导向的“教义法学”（解政治思维）皆无法独立完成中国新法治体系建构这一兹事体大的民族工程，而未来可行的解套之法便是谋求一种能够会通彼此的中道策略：教义法学者需要破除对于“法治”抱持的原教旨主义式的僵化理解，拓宽自身的学术格局与政治视野，协同社科法学者将他们立基于本土政法体制的智识成果渐次系统地转换成法学的符码，导入规则体系之中，从而最终造就出一种真正可堪折中东西文明、兼济认知现实与政治现实的中国新法治形态。这无疑是占世界人口五分之一的中国人对于世界文明应尽之历史责任。当然，认识世界是改造世界的前提。对此论断的反向解读是，更新既有认知，原本就殊为不易，即便促发突破与实现彼此理解，充其量也只是迈出改造现实的第一步。“莫言下岭便无难，赚得行人空喜欢。正入万山圈子里，一山放过一山拦。”斯如此言，或许从这个角度研判，中国新法治之路漫漫其修远，我辈学人其实还在路上，仍须愈加努力朝向一个叫做远方的地方不懈前行。

三

本书最终出版之所以可能，坦率而言，不唯本人之付出，而更端赖诸多师友在整个历程中的鼎力襄助。首先，梁治平教授（中国艺术研究院）、郑永流教授（中国政法大学）、刘作翔教授（中国社会科学院）、郑戈教授（上海交通大学）、黄卉教授（北京航空航天大学）、谢鸿飞教授（中国社会科学院）、薛军教授（北京大学）、朱庆育教授（浙江大学）、方新军教授（苏州大学）以及张翔教授（中国人民大学）等十位顶尖中青法科学人此番集体屈尊为拙译慷慨“站台”“背书”，此等难得之信任、奖掖后进、嘉惠士林之无私情谊，足令我终生感念，谨此特表由衷之谢忱！其次，本书的翻译工作由我与雅婷同学合作完成。具体的分工是，她先行完成初稿的草译，然后由本人负责校对审核、剪裁润色以及查缺补漏等后续工作。当然，既然共同署名为本书译者，但凡因误译、多译和漏译所产生的任何理解问题，皆理应由我们连带承担。在翻译过程中，重庆大学人文社会科学高等研究院唐杰博士、中国政法大学比较法研究院朱明哲博士、中国应用法学研究所周维明博士，助我处理涉及德文、法文以及拉丁文的几处译法问题，上海交通大学凯原法学院硕士研究生郭宪功同学，亦曾详尽审读部分译稿，并给出妥适修订意见，倍极辛苦，谨此一并鸣谢！最后，然而却最为重要的是，衷心感谢法律出版社吕丽丽编辑，在此书出版前夕频繁的彼此沟通中，她所表现出的职业素养与包容态度，令我印象深刻，感佩非常。

魏磊杰 谨识
二零一六年十二月十八日
草就于厦门大学法学院

图书在版编目(CIP)数据

法学的观念与方法 / (荷)扬·斯密茨著;魏磊杰,吴雅婷译. —北京:法律出版社,2017.1
(法律·经典丛书)
ISBN 978-7-5197-0362-2

Ⅰ.①法… Ⅱ.①扬…②魏…③吴… Ⅲ.①法学—理论 Ⅳ.①D90

中国版本图书馆 CIP 数据核字(2016)第 308175 号

责任编辑/吕丽丽　　**装帧设计**/马　帅

出版/法律出版社　　**编辑统筹**/市场研发部
总发行/中国法律图书有限公司　　**经销**/新华书店
责任校对/杜　进　　**责任印制**/吕亚莉
印刷/固安华明印业有限公司

开本/A5　　**印张**/7　　**字数**/172 千
版本/2017 年 1 月第 1 版　　**印次**/2017 年 1 月第 1 次印刷

法律出版社/北京市丰台区莲花池西里 7 号(100073)
网址/www.lawpress.com.cn
投稿邮箱/info@lawpress.com.cn　　**销售热线**/010-63939792/9779
举报维权邮箱/jbwq@lawpress.com.cn　　**咨询电话**/010-63939796

中国法律图书有限公司/北京市丰台区莲花池西里 7 号(100073)
全国各地中法图分、子公司销售电话:
统一销售客服/400-660-6393
第一法律书店/010-63939781/9782　　**西安分公司**/029-85330678　　**重庆分公司**/023-67453036
上海分公司/021-62071010/1636　　**深圳分公司**/0755-83072995

书号:ISBN 978-7-5197-0362-2　　**定价:**38.00 元

(如有缺页或倒装,中国法律图书有限公司负责退换)